Bridge橋代誌

不動產買賣成交故事

謝冠賢 著

書泉出版社 印行

作者序

進入「橋代誌」的世界

進到不動產這個行業像是進入一個花花世界，這個花花世界像個萬花筒，什麼樣的人生百態，酸甜苦辣的人生體驗，這裡都有，舉凡「他爲什麼要買房子？」，「他們爲什麼要賣房子？」，而「他又爲什麼要租房子？」，以及「要買哪一塊農地呢？」，他們的背後都有一個故事被述說著。有人因著婆媳問題要出來買房子和租房子，又有人因宗教信仰問題，在拜不拜偶像和神主牌上，無法與家人溝通，只好一個人出來買房子。也有些人到處看房子也不買，更有趣的是有些來看房子的買方，一看房就開始給房子算命、看風水，不僅自己算，還要請風水師來看，風水師說不能買的房子，反而是房子很快就被喜歡的人買走了。

至於那些要出售（賣）不動產的人，原因也是林林總總，有些是投資失敗要賣土地和房子、有些是因爲孩子長大，空間不足要換大房子，或者是住在沒有電梯的公寓，雙親年邁無法爬樓梯，只好賣掉舊房子換有電梯的房子。又有些人賣房子是要給在國外求學的兒子在海外置產用，還有些人要賣土地和房子不是爲了還債，而是父母親年邁需要分家產，不然將來很難釐清產權。

我也曾經遇到一對夫妻到公司來說要租房子，我把公司所有的租屋案件拿給他們看，這對夫妻就開始一一詢問價格，我說：「這一間房子蠻適合您們的，要不要帶您們去看屋？」，他們竟然說他們已經在別家仲介公司租到房子了，只是來看看相同房型的租屋價格，了解自己有沒有租貴了或者是被仲介給騙了。

也有人過於樂觀買房，在買房時未衡量自己的財力與信用狀況，看到喜歡的房子就想買，一旦購屋手續進到房子買賣簽約階段，也支付了簽約金，當房子要貸款，請銀行先行估價時，才發現房子的價值比預期的還低，尚需支付更多購屋頭期款。另外，還有銀行要買方提出個人財力證明時，又發現個人財力不足，以及過去曾發生信用瑕疵等事項，導致無法順利購屋，造成買方需賠款了事的遺憾事。

有時候帶客戶看房屋物件時，也會發現來看房子的客人就是同業來開發案件的例子，他們來看屋，是要知道房子的地址，然後記下或拍下地址，回到他們的公司就開始調房屋謄本寫開發信；甚至遇到來開發土地的同業，他們會撥電話到公司詢問土地情形並佯裝要看土地，一旦帶到土地所在位置，他就會說對土地有興趣，請你提供土地的地籍圖供他參考，然後回到他們的公司之後再調該塊土地謄本，了解地主居住地址之後，郵寄開發信件。甚至有些土地中人會放消息說他有買方要買幾甲農地作爲經營農場之用，請你提供地主的授權書給他，但地主的授權書內容除必須提供地號、每坪出售價格、地主身分證字號外，也要將他的名字、身分證字號寫入其中，若你同意他的授權書內容，有可能他會以出示此授權書向投資方或者買方行騙，在神不知鬼不覺的情況下，靜悄悄地將地主的土地過戶在別人的名下，等地主發現時，可能已是幾個月或幾年後的事了。這些有趣的故事與人生道理，在從事不動產這個行業中，可以讓人更加體會良深。

我剛進入仲介這一行業，是把自己的目光聚焦在「銷售農地和土地」這一範疇，想與公司的同事在工作和業務上有所區隔，所以在土地這個領域經營很深入，也常與所謂的土地中人接觸，時常開車到淡水、三芝、石門、金山及八里看土地，但銷售最多的反而是房子，在土地成交的案件雖不多，但仍累積了我與「建商和地主」商談土地合建案的經驗、了解土地中人的思維與幕後背景，對我而言，在成交土地案件上雖沒有好成績，卻為我帶來豐富的土地知識和人脈。

為了讓讀者能更快速進入不動產這個花花世界，我用說故事的方式帶領大家進入Bridge（橋代誌）的仲介世界，並在每篇故事的前頭，加入一小段俳句（464俳句或575俳句）先讓讀者簡要了解整篇故事內容，而且在每個故事的結尾，增加一個「知識補充站」，讓讀者更能認知不動產相關重要知識。現在就讓我把我的故事和經驗分享給大家，希望我的故事和經驗能為你注入新的眼光與共鳴。

謝冠賢

二〇一九年一月

目錄

1 害羞發名片與DM經驗

躲躲藏藏

外地勤投DM

全無電話

二〇一三年九月進入不動產這個領域工作，的確非常戰戰兢兢，因爲對不動產交易非常陌生，對不動產的知識僅停留在自己過去的房屋買賣經驗，更何況是要進入以前想也未曾想過的仲介職場，因此，從事不動產交易這項工作帶給我人生與生命諸多挑戰，若以人生的生命週期這一條S曲線來看，應該是我人生步入第三條生命週期的S曲線了。

第一條S曲線是我在政府部門工作期間的生命週期，大約三十年光景；第二條S曲線則是我在企業部門工作的日子，大約四年光景；而轉軌到第三條S曲線應該是我人生中未曾想到要做的事，那就是不動產營業員這項工作。

我正式到鍾媽媽不動產公司上班之前，爲了讓自己能早點進入狀況，買了許多不動產的書籍來看，但一到鍾媽媽公司上班的頭一天，也需從頭學習起，鍾媽媽看我這位年紀已過半百、長相斯文，又初入仲介的新鮮人，格外疼愛有加，她會教我，「謝先生你若有空，就拿著房子物件表及房子鑰匙，去看看每間房子的屋況，順便了解房子四周環境，這樣帶客人看房子時才知道如何介紹和解說。而平時沒事時，就騎著摩托車到處走走，認識每條道路、每個社區，遇到陌生人就發名片，看到有人貼出售房子的電話號碼就記錄下來，回公司撥電話給他們，這樣你就會開發到案件」，鍾媽媽的一席話完全打破書本裡頭的教條和我的思維。

鍾媽媽的這番話雖然簡單且學問不大，但仔細推敲，完全是她從事不動產買賣的葵花寶典，眞是言簡意賅。

但好笑的是，當我遇到陌生人時，竟不敢發名片給他們，遇到認識的人更是不敢，因爲我內心還未承認自己已在從事仲介工作，還停留在過去的光環當中，還沒有放下面子，還不知道我自己現在扮演的角色是仲介，怕認識的人笑我，怎麼會跑來做仲介呢？做仲介好像很不光榮似的。所以一開始做仲介時，只要遇到熟識的人，我是會躲躲藏藏的。

有一次公司規定每位同仁都要到街上發單張（房產DM），做行銷，每人負責的單張件數是三千份，而且每張單張都要蓋上自己的名字和手機號碼在上頭。說實在的，我心裡非常抗拒（因爲害羞），但這是公司的政策，若不發出去，很浪費紙張印製的費用，所以就矇著頭先到自己住的社區投信箱，也會到淡水街弄小巷的各社區，但在投單張的當時，若遇到該社區的住戶，會有點緊張，很害怕被趕走或對你說不好聽的話。有一次我在淡水地區投信箱時，遇到熟識的朋友，我竟緊張到不敢說，「我目前正在從事不動產仲介工作」，別人問我在幹嘛，我竟顧左右而言他，眞的很怕人家知道我的工作——「仲介」，也就是還沒有認同自己目前的工作。

有一天老婆大人問我，「你負責的單張還剩多少呢？」我說至少還有二千份未發出去。「你有沒有想要到北投或石牌地區去投單張呢？那裡的住戶可能會認爲北投或石牌地區的房價高，會到淡水來買房子」，老婆邀我到北投地區的舊社區投信箱。我想了一下說，「好吧！」。便開著車帶著房子的DM，載老婆大人到北投地區投信箱。遇到不好停車的地方，就請老婆大人在車上顧車，我下車投信箱，因那個地方沒有我認識的人，投起信箱的速度格外的快、有效率。可是發完這三千份公司給的房屋DM之後，眞的非常期望能接到購屋者的電話，但經過一個星期、一個月、三個月，甚至半年過後，也沒有接到一通要買屋的電話。

顯然在社群媒體與智慧型手機時代，大家接收資訊的來源已漸漸遠離平面媒體了，這也是從事不動產業務的我，需要思考的課題。

知識補充站

※人生S曲線

象徵「盛極而後必衰」的定律，當生命週期（從萌芽階段、成長階段、成熟階段，到衰退階段，稱爲生命週期）來到成熟頂峰階段，不能讓生命走入衰退期，需在人生最頂峰時，爲自己再創造另一波新的S曲線，如此才能生生不息，永續不墜。

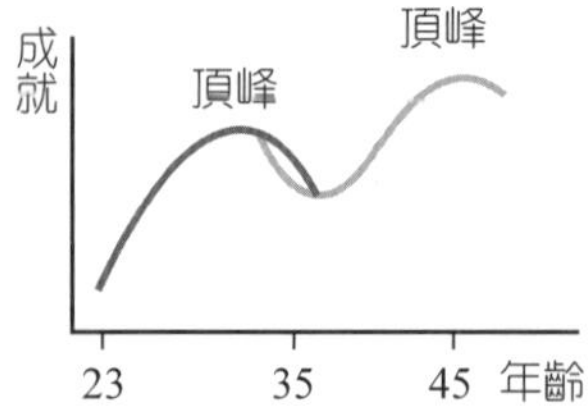

2 第一次帶客人看屋經驗

緊張開門
客人屋內看屋
不知所云

進入不動產仲介的第一個月，我幾乎重複做鍾媽媽給我的經驗傳授要領，我很清楚這是蹲馬步的工作，也是打基礎、做基本工的事，是馬虎不得的，基本工若打得好，之後服務客戶也較能達到他們所求，業績才會快速成長。

入行的第二個月，便有機會在旁跟著同事學習帶客戶看屋的經驗，等輪到我值班之時，有客戶來店或來電客，才是我實際帶客戶看屋的好時機。

終於輪到我值班了，值班這天只要是來電詢問房子的客人，以及實際來到店裡詢問房子的客人，都將變成我的客戶，將來就有機會銷售房子給他們，以及為他們服務。

好不容易公司的電話鈴聲響了，我拿起電話筒說了一聲，「鍾媽媽不動產您好」，「先生，請問你們公司有沙崙地區二至三房的華廈房子（按：指的是七樓以下有電梯的房子）要出售嗎？」「有呀，請問先生貴姓？」「我姓簡，簡單的簡」「請問簡先生您有預算的考量嗎？」「大約六至七百萬左右」，「好的，我挑出三或四間沙崙地區華廈房子供您參考，請問您何時有空，可以來看屋呢？」「今天下午三點可以嗎？」「當然可以，我與您約在我公司見面如何？」「OK!」「好的，敝姓謝，我們下午三點鍾媽媽不動產公司見」。

爲了能與簡先生聯繫，我也順便問了簡先生的手機號碼。接著我便尋找公司物件表，把符合簡先生所期望的購屋條件挑選了三間，這三間均是位於沙崙地區的華廈房子。爲了怕簡先生下午來看屋時，我對房子情況和四周環境不了解，會被認爲不專業，於是先行到這三間挑選好的房屋物件，依序的先勘察路線，每一間房子都開門進去了解一下，並模擬簡先生可能會問哪些問題，「屋齡幾年、屋主爲什麼要賣屋、附近購物便利嗎？就學與進出交通方便嗎？」等等問題。還有很重要一點，「我要先帶看哪一間呢？門鎖打得開嗎？」

當我對上述那些事務事先整個做了一遍之後，心裡便踏實了許多，也對下午第一次帶客人看屋就更有信心了。

看時鐘已是三點一刻，簡先生下午來到我公司稍微遲到，我撥了個電話給簡先生，簡先生接起電話馬上回答說，「謝先生，對不起，因從北投開車過來，路上有點塞車，可能會晚個二十分鐘到」。外地的客人來淡水看屋，受塞車及路況不孰悉影響，有時在時間上眞的較難以控制。

快到下午三點半，簡先生與簡太太把車停在公司門前，就快跑進入公司說，「對不起！謝先生，我們遲到了」，「沒關係，要喝杯水，休息一下嗎？待會我先把要看的這三間房子簡單的跟您們報告一下」「麻煩你了，謝先生」，簡先生蠻客氣的回覆。

簡先生夫婦進入公司坐在會議室的椅子上，等他們心都靜下來了，我便簡單的向簡先生夫婦報告這三間要看的房子所在位置和價格之後，接著原想遞個名片給他們，但內心還是有點不習慣，不習慣的是「業務」這個頭銜，似乎對「業務」這兩個字還覺得不夠高尚，還未接受目前自己的身分，自覺應該是要董事長特助，或者是總經理頭銜才夠有魅力和價値。

然而我必須把名片遞出去才能夠克服我內心理的障礙，內心思索著，「做業務和當總經理不也是同樣要服務客戶嗎？頭銜有那麼重要嗎？把名片遞出去吧！別害羞！別看輕自己！」……終於把名片遞給了簡先生。

我依據簡先生的需求條件挑選的這三間華廈，房子均位於沙崙地區，在遞出名片給簡先生之後，便引導他們把汽車停放在不會被警察拖吊的地方，好讓他們得以安心看屋。

「簡先生簡太太，請跟我來」，就用走路的方式帶領他們來看這三間房子。

首先引領他們走進沙崙路一八三巷，這一帶大都是二十幾年以上的華廈電梯房子，由於華廈的房子公設比較少，管理費也少，又有電梯，所以有一群喜愛低公設的族群會喜歡，然唯一缺點就是屋齡較久。

來到了看屋地點，我拿起房子鑰匙插入鎖匙孔，這時門打也打不開，內心一直問自己說，「不是上午有打開過嗎？怎麼現在打不開呢？」心裡眞是有一點慌，再仔細一看鑰匙圈上的地址，哇！原來拿錯鑰匙，拿到的是另一間房子的鑰匙，哈！眞是有點糗。這也許是與第一次帶客人看房子有點緊張有關。

拿對了鑰匙打開房門，一進大廳，我先打開電源的總開關，讓屋內燈光亮一點，但如何介紹這一間房子讓簡先生知悉，總覺得自己要學習的地方很多，絕對不是僅會介紹「這是房間、這是主臥室、這是廁所、這是廚房、這是陽台而已」，這些簡先生夫婦他們自己看就懂了。事後我卻發覺我就是如此地在介紹屋況，竟不懂得在看屋的過程中與客人寒暄，挖掘客人的需要，以及介紹房子周遭環境。

當簡先生夫婦看完這三間房子之後，他們就開車回家了，僅跟我說，「謝先生，有需要再打電話給你」。從此再也沒有接到他們的來電，而當我打電話過去問候時，鈴聲響了很久，也沒有人接電話。

唉！不想要這一間房子，不就告知一聲即可，爲何不接我電話呢？

知識補充站

※華廈

一般定義華廈爲十層樓以下並擁有電梯的集合住宅，華廈的配備比起大樓，便會減少許多，屋齡介於公寓與大樓之間。大部分華廈比較不會有許多公共設施，公設比大多介於百分之十三至二十五之間，但基本的地下停車場應該都會有。

※大樓

指的是十層樓以上並擁有電梯的集合住宅，大部分配有中庭花園、地下停車場、警衛管理室、健身房、游泳池等多樣公共設施。公設比高，室內空間會較小，現在大樓的公設比約爲百分之二十至四十不等。

※公寓

俗稱的公寓爲四～五層樓且沒有電梯的集合住宅（較新的公寓有時候會設電梯）。公設比低，約爲百分之十以內。可用面積較大樓及華廈大。

3 首次收斡成泡影，實爲成交鋪路

首次收斡，欣喜若狂回報，美夢一場
再次收斡，觸動客户心絃，美夢成眞

我剛進入鍾媽媽不動產公司的前三個月，幾乎就做這幾樣事：看物件、認識環境、學習開發物件。到了第四個月，有一天我接到一通朋友打來的電話說她有美國來的朋友想要在淡水地區買一間房子，預算在六百萬以內，請我幫他推薦，這位美國來的朋友姓李，目前就在淡水朋友的家聊天，馬上就要來看房，請我帶這位李先生看屋。我便先在公司的房子物件表中挑選了三間符合李先生需求的物件，等待他的到來。

見到了李先生，其外表溫文儒雅，李先生是早期那一批，「來來來台大，去去去美國」的留學生，現在已到退休年齡，想鮭魚回鄉，在淡水置產，因淡水的環境很像他在美國的住家環境，鄰近海邊和河邊。

我就開門見山的問李先生，「您爲什麼想要買淡水的房子呢？」「因我到淡水找朋友，發現淡水的環境優美，想買一間淡水房子當作回國時的居所，所以價格無須太貴，目前我暫住在天母母親的家中」。聽過他的介紹後，我便依據爲他準備好的資料，循著看屋路線帶李先生看屋。沒想到帶李先生看一間位於中正路二段的房子時，他非常的喜歡，因從這間房子走到淡水河邊僅需三分鐘的路程，附近又有一個長帶公園，這種環境讓李先生感動，就出價請我去跟屋主議價。我說在台灣買房要先收斡旋金，才能跟屋主議價，就請李先生回到我公司簽寫「不動產買賣意願書」，並向李先生收取了三萬元的斡旋金。這是我賣房子第一次收斡旋金，眞是順利，讓我高興極了。

這件喜訊怎敢延誤回報給開發這一間房子的同仁呢？便馬上拿起手機撥給公司開發此間房子的同仁黃先生，黃先生一聽到我收斡的價格，非常高興，隔天就已談成此房子的價格了。然而我自己在考量，「買方李先生在二個星期過後就要回美國，應趕快向他回報房子已成交，讓他來得及準備相關簽約文件及百分之十的簽約金，否則就要延期簽約了」。

我馬上拿起電話向買方李先生報告成交的喜訊，李先生也很高興地請教我要準備哪些文件，以及有關注意事項，而且我也與代書約好簽約日期。一切進展看似如此的順利，我也很得意地自認爲，「原來房子成交是這般的容易」。但眞的不知道人心竟是如此這般的善變。在向李先生回報成交的隔天早上，我很突然的接到李先生的來電說，「他覺得他出的價格太高了，以至於你們能很快就談成」，他說他反悔不買這間房子了。我很震驚且帶些沮喪的口吻說，這樣公司會沒收您三萬元的斡旋金以賠償屋主。此時李先生又回答道，「我會衝動購屋是我對淡水的房價不清楚，況且我的錢都放在美國，要匯到台灣有著層層關卡，想必你應該理解。謝先生拜託！拜託！請還給我斡旋金」。

我將此情況回報給開發這間房子的同仁黃先生，黃先生非常的淡定說，「還好我還未把成交價回報給屋主，否則屋主鐵定要索賠」。黃先生過去自己也創業當過不動產公司的老闆，在台北信義區經營過兩間不動產公司，經驗老到，大風大浪也都經歷過，像這種小case，對他來說算是小trouble。後來我問黃先生，「你爲什麼沒有馬上回報給屋主說該房子已成交呢？」黃先生說，若他馬上回報成交，屋主也會認爲他的房子是不是賣得太便宜了呢？反而會再提高價格。

後來我將此事與公司經理商討過後，認爲華僑對台灣的法規不懂，無須沒收其斡旋金，因此，經理同意無條件退還斡旋金給買方李先生。李先生獲知此消息後，非常的感動，便與我約好日期，選擇在淡水捷運站見面，見面時我便將斡旋金三萬元退還給李先生。當天李先生還特別邀他住在天母的母親陪同，他母親見到我之後一直跟我道歉及說謝謝。李先生也一直向我道歉，並說下次回國要買淡水的房子，一定會找我來爲他服務。此事到此就告一段落，我也從此事當中學習到「事緩則圓」的道理。

此事過後的第三個星期，有一天我值班，有位年輕人進到公司，馬上說他要買房子，我按例會詢問他想買幾房的房子，喜歡淡水哪一社區或區域的房子，預算大約多少呢？他馬上回答說，「因我跟母親不和，想要搬出來住，看上合適的二房房子之後，姊姊會幫我出錢購屋，我的預算大約在五百萬左右」。我便依據他所說的條件，找到一間有電梯、位於十樓的房子供他參考，眞沒想到他眞的很喜歡，想購買這間CP值極高的房子。我說，「你有決定權買房嗎？若有喜歡這一間房子，需要我來爲您跟屋主議價嗎？」他很直爽的說，「OK，而且我買房自己可決定」「但我需向您收斡旋金才表示您的誠意」，他竟然說他沒有錢，錢都在他姊姊那裡，我再次問他，「您買房可自己作主嗎？」他仍舊回答說沒問題，他姊姊會幫他支付所有款項。「那這樣好了，您到我公司，我讓您填一份購買意願書（要約書）表示您的誠意，我才能跟屋主議價。」

這位買主來到公司，我與公司同仁做了簡短的討論後，便讓他填寫不動產要約書。為何我會讓他填寫要約書呢？因我同事說，這位買方常常會到沙崙籃球場打籃球，我同事也曾經跟他打過籃球比賽，覺得這位男生很有禮貌。據此，我便認爲他是正常人，不會隨便寫寫不動產要約書，隨便說說而已。

對於看屋後馬上收到買方的要約書這件事，我也覺得好高興、很幸運，認爲成交就是這麼容易，心裡想著，「是不是上帝要彌補我上回收斡旋金沒有成就的那件事呢？」

然而今天高興過後，明天一切又眞的改變了，好像今天是晴天，明天馬上變成下雨天一樣，眞是世事難料，這位買方突然撥了一通電話給我說，「很抱歉，我母親不同意我買房子。」我便告訴他，年輕人，簽要約書後，再毀約，須負法律責任，要賠償的；過沒多久，我接到他媽媽打來的哀求電話說，「對不起！謝先生，我們眞的沒錢買房子，我兒子在外已爲我捅了很多簍子，欠了很多人的錢。拜託！拜託！我們沒錢買房子，要解約，請不要要求我們賠償，謝先生，拜託！謝謝！」。

我聽到電話筒那一端一位母親的哀求聲，眞是不捨。「伯母，沒問題，謝謝您告知您兒子景況，這間房子買賣案件，就此作廢，我們公司不會向您兒子索賠的，但要請您告訴您兒子攜帶要約書正本退還給本公司即可，此事就不再追究。」

約莫過了一個小時，這位年輕人，攜帶要約書正本來公司找我，我依舊用溫和的口吻告訴他此事情的嚴重性，這位年輕人聽了我的這番話之後，雖很有禮貌的向我道謝，但我仍從他的臉上看到他內心裡的空虛與不安，或許他正狐疑事情怎麼會如此簡單就結束了呢？當然這位年輕人不知道我對他的包容與同情之意，因我從他的行爲以及他母親的說詞，我研判這位年輕人也許患有精神疾病，即爲一般所謂的「購買症問題」，亟需到醫院就醫。這個案子我雖然又沒有成交，但也從眞實的人生故事中看見人生百態，也深深的覺得從事業務員想成交一間房子，眞的頗具挑戰性。

這幾個案件，看起來離成交都很近了，但對我來說，我更覺得是一種磨練，好像是老鷹在教導小鷹學習飛翔的過程一般，要一次又一次的操練才能翺翔天際。我經歷過這幾次的親身體驗與磨練之後，終於在進入不動產這個行業的第六個月，有一次輪到我假日值班，在當日的晚上約八點左右，一對姓吳的夫妻來公司詢問他們需求的房型與房價後，我把公司符合他們需求的房子挑了三間供其選擇，其中有一間吳太太有喜歡，因時間已超過晚上九點，看屋不方便，就與他們約好隔日星期日的下午兩點看這間位於淡水新生街的一樓中古屋。在介紹房子當中，趁機與他們夫婦閒談，知悉吳姓夫婦從事網拍（電子商務）工作，收入較不穩定，吳太太又剛生了一位寶寶，購屋的目的是想接母親一起來住，方便於相互照料，因此特別要挑選中古屋一樓房子或是有電梯公設少之華廈房子。

看屋當天約一點左右，我撥了電話給吳先生，再次確認看屋時間是否有改變，知悉他們能準時到達看屋地點後，我就在一點四十分左右先到房子裡頭，把房子裡裡外外簡單的打掃一下，讓吳姓夫婦來看屋時能對房子留下好的印象。

吳姓夫婦依約準時二點到達房子現場，他們一進屋內看到房子有重新整修及粉刷過的新屋味道和現象，一口就問，「這間房子是不是投資客買來要賣的呢？」我說，「是的，您們好有經驗喔！」，吳太太仔細看了房屋內部隔間、地磚、浴室及廚具，因都是新的，已有喜歡，但當他們走出屋外，看整棟公寓的外觀時，眞是不巧，這棟屋齡三十六年的老舊公寓，外觀竟然看到出現裂痕的情況，二樓外觀也看得見鋼筋裸露，這些情況對那些要買房子自住的人，是會害怕恐懼的，深怕哪天來個大地震，房子垮了，一輩子賺的辛苦錢，一夕間就化爲烏有。最後這對吳姓夫婦還是選擇不買，請我繼續幫他們尋找符合他們需求的房子。

約莫過了二個星期，公司同仁開發了一間沙崙路華廈三樓有電梯、低公設、三房二廳二衛、房齡約二十八年的房子，我聽了同事對這一間房子的介紹之後，馬上撥了電話給吳先生，邀請他們夫婦一同來看屋，因他們在家從事電子商務工作的關係，當天下午有空，就約他們夫婦一起來看這間沙崙華廈、低公設的房子。或許他們與別家仲介看屋的次數太多，已累積許多經驗，也或許上帝眷顧我，沒想到他們一眼就喜歡這一間房子，馬上出價，我也收了斡旋金。這就是我首次成交了淡水沙崙路一間八百多萬的華廈房子的經歷與過程。

知識補充站

❋ 不動產買賣意願書

買方若與仲介業者簽訂買賣意願書，則需先支付斡旋金，以展現買方購屋誠意。

❋ 要約書

是指買方不給付斡旋金，而將記載購買房屋意願表示之文書，交由仲介業者向賣方進行磋商之買賣契約，惟若購屋者選擇簽訂要約書，即不需支付仲介業者斡旋金。

❋ 斡旋金

買方若透過不動產仲介公司購買房屋，當買方看上某間房屋，但出價和賣方時收價有差距時，仲介通常會要求買方先付一定之金額作爲與賣方斡旋差價之用，當賣方同意買方之出價時，該價款即轉爲訂金。

Date ______/______/______

4 第一次開發土地案件經驗

客問老伯伯
土地買賣找中人
為開發土地

我進入不動產這個市場，為了要與同業及公司同仁在業務上有所區隔，並開闢自己的藍海市場，自己是從開發土地、出售土地作為個人經營不動產的墊腳石和目標市場。在我公司，做土地這一領域就屬老闆娘鍾媽媽最厲害了，鍾媽媽教我說，「你可以騎著摩托車到淡水的田裡到處走走看看，看到農夫在田裡工作，就去與他們打招呼，並藉機會和他們閒話家常，也順便問問他們有沒有親朋好友想要出售農地的，或者看到農地有人立一個牌子要出售，且上面留有電話號碼，就可撥電話去開發」，鍾媽媽把她做土地的經驗分享給我參考，我眞的照她的方法去實行，但實行了一段時間之後發現，是有一定效果，但成績有限。

二〇一三年十二月底的某一天清晨，天氣涼爽，但艷陽高照，我健走來到台北灣第三期江南建案的工地，用關心的心情來關照建案的興建進度，這個建案的北邊有公司田溪環抱，南邊有一所科技大學及輕軌捷運站，是一個適合居住的好處所。我來到工地的門口時，偶遇一位晚上看管工地安全的老伯伯，向他問候之後，便與他漫無目的的閒聊，得知這位老伯伯是住在淡水的老住民，因兒女都長大成家立業，為打發時間就到這工地來打工，據說每月還有三萬多元的薪資收入，真的很不錯。

我假裝問他，您有沒有農地要買賣呢？因為老淡水人都有很多不動產，也很有錢。老伯伯看我長相斯文，有點像企業老闆，就說，「有，我姪子有朋友要賣一塊農地，農地中間又夾著一塊丙種建地，想要出售，我把我姪子的電話給您，請您跟他聯繫，對了，我姪子姓盧」，老伯伯不知道我也在從事不動產工作，以為我住在台北灣社區一定很有錢，現在又已購買台北灣第三期的房子，鐵定是位大老闆級人物，哈！大老闆要購買土地，老伯伯當然要趕快把生意介紹給他的姪子。

其實這位老伯伯的姪子盧先生，就是土地中人，完全仰賴介紹土地買賣，從中賺取服務費來維生。

然而當初我爲什麼要購買江南這個建案呢？原因很單純，就因爲這是在二〇一二年由寶路建設公司所推出的預售案，當時台灣房屋市場正如日中天，據說江南這個建案三個月就完銷，建設公司馬上推出台北灣第五期四季之旅（按：沒有第四期，台灣人對四很敏感）。當時我把房價設定在每坪二十萬以下，我就值得購買，因我個人研判，將來淡海新市鎮的房子應該會上漲至每坪三十萬上下。

爲了購買江南這個建案，就與當時正在淡江大學攻讀研究所的女兒私下討論說，「妳離研究所畢業還有二年，爸爸想買一間房子給妳，頭期款占房價的百分之二十，由爸爸支付，房子三年完工交屋後，妳應該早已在職場上工作了，也已有自己的薪資收入，房屋貸款就由妳來負責」，女兒聽了我的分析覺得很有道理，就同意購買了，女兒的同意，當時眞讓我感到驚訝！好想知道當時女兒內心的想法是什麼。就與女兒約好日期到寶路建設公司的客服中心議價，並簽約購買，當然房子的每坪價格需低於二十萬，我才會讓女兒簽約。

我一拿到老伯伯給我他的姪子盧先生的電話之後，回到家即刻撥電話給盧先生。「盧先生您好，我是謝先生，想必您伯父早已告訴您購買農地的事。據您伯父告知，您那邊有塊農地含丙種建地在內的土地要出售，可否跟您約個時間去看這塊土地呢？」「對呀！我這邊有您說的農地含丙種建地在內的土地要出售，要不要明後兩天約個時間來看土地呢？」「OK，讓我先看一下我的行事曆之後，待會兒回您電話」。

我拿取〈天下雜誌〉送給我的記事本，打開記事內容，恰好星期三下午沒有特別事情（這一天剛好我在大學沒有兼課），就回電話給盧先生，跟他約星期三的下午三點看土地，盧先生說，「好，見面地點選在巴拉卡公路路口旁的警察局見面」。

看土地的當天下午，我開著NISSAN TEANA的車子上山，快到警察局時，看到一個人騎在摩托車上，似乎在等人的樣子，我搖下車窗詢問，「您是盧先生嗎？」「是的，您是謝先生，好，請跟著我的摩托車前進，我引導您到賣土地的現場」。

接近這塊農地時，看見那位介紹我跟他姪子認識的老伯伯也出現在那裡，「老伯伯您好，謝謝您的介紹，讓我能認識您的姪子」，「不用客氣，希望您會喜歡這塊土地」，老伯伯還以爲我是眞正要買土地的大老闆，他再次把我介紹給他的姪子認識之後，老伯伯就騎摩托車離開現場了。

這位中人盧先生，在他伯父騎機車離開之後，便帶我到這塊農地的現場，拿起這塊農地的地籍圖，仔細的爲我介紹農地的範圍、以及丙種建地在農地的哪個位置，並說，有土地鑑界的水泥樁就是地界。

等到盧先生介紹土地環境完畢之後，我只好表明身分，告訴盧先生，我不是什麼大老闆之類的，只是鍾媽媽不動產公司的營業員。我介紹自已的來歷之後，便從皮夾中拿出一張名片給盧先生說，「以後我們是否可以一起合作來賣土地呢？甚至您也可接土地來給我，我來幫您行銷和銷售，有錢大家一起賺」。盧先生看到我文質彬彬的外表，又很有禮貌，就答應與我合作一起來銷售土地。

這是我第一次開發土地的經驗，從此以後，我跟這位中人盧先生就成爲買賣土地的合作夥伴。

知識補充站

※藍海市場

指這個市場競爭者少或尚未有競爭者，由於進入者少的關係，對於商品價格，消費者沒有辦法做比較。企業在這個市場中，須不斷的創新，以差異性來吸引消費者，企業就能從中獲得高額利潤。

※土地中人

這是台灣最特殊的一群上班族，沒有固定辦公室、不用打卡，他們是土地買賣仲介，俗稱「中人」。中人行業是台灣土地交易景況的重要指標。

※丙種建地

指山坡保育區內的建築用地，一般規定丙建的建蔽率百分之四十，容積率百分之一百二十。丙建可做住宅、鄉村教育設施、行政與文教設施、宗教建築，及無公害性小型工業設施。

5 把握機會與時間，是成交契機

捷足先登
把握機會時間
勝券在握

聖經傳道書裡頭有句話說：「見日光之下，快跑的未必能贏，力戰的未必得勝，**智慧的未必得糧食，明哲的未必得資財，靈巧的未必得喜悅。所臨到衆人的是在乎當時的機會與時間**」。是的，是在乎當時的「**機會與時間**」。我很喜歡這句話，因爲它一直在警惕我們，凡事要把握機會與愛惜光陰。而這句話也應驗了我的一件成交案件。

在六月畢業季節的某一個星期三早上，淡水下著細雨，我接到一通郭先生的來電說，「你公司刊載在591房屋網的廣告，有要出售一間巧克力社區的房子，售價是五百八十萬，你下午有空嗎？我想看這一間房子」。「郭先生您好，我姓謝，謝謝您的來電，我們公司有這一物件。請問郭先生您住在哪？這樣我才知道您到達淡水的時間，好方便與您約看房屋的時間」我回答道。「謝先生，我住在社子島，到淡水很近，這樣子好了，我們就約下午二點在巧克力社區大門口見」郭先生很客氣的回覆我。

在淡水六月濕雨的氣候與房地產低迷的日子裡，郭先生的來電顯得格外的有喜氣，好像看到一絲絲的陽光從佈滿黑雲的天空中撒下來般的有溫度與充滿盼望。

在等待郭先生來看屋之前，我爲了再次了解這間房子的屋況，俾便能夠很清楚、有自信地向他介紹房子四周環境，我比約定看屋的時間提前一個小時抵達巧克力社區，目的是先來看這間房子的屋況，再看看這間房子的樓層環境、方位、鄰居等情況，再下樓看看社區四周環境、位置，及進出交通狀況。

哇！原來這個社區離淡江大學這麼近，跨過一個小橋就到學校，轉個彎就是北新路，它是一條商店街，要逛街購物、用餐均非常便利。這對一位來到陌生環境的大一新生來說，要去學校上課，以及生活起居，的確非常便利。

郭先生依約提早了十分鐘抵達了巧克力社區，他太太與小孩也一同前來，我帶他們上電梯的同時，把握黃金時間與郭先生閒聊，從閒話家常中了解他們爲何要購買房子，以及爲何要選定巧克力社區的原因，在交談中終於知道，郭先生他兒子剛考上淡江大學財經系，想買一間房子給兒子住。

這時我心裡想著和猜測，一般人的小孩若考上大學，最多是租一間好的套房供小孩居住之用，郭先生爲何要購買一間離淡江大學近又購物便利的房子給兒子住呢？況且郭先生住在社子島離淡水很近，他的兒子來淡大上課只要通車或騎摩托車就可以，有必要大費周章買一間三房的房子給兒子住嗎？

電梯門打開了，來到門前，我拿了房門鑰鎖，來回轉了好幾次，門才被我打開，房子舊了，鎖也鏽了。一進門，郭先生的太太就開始指指點點，嫌那個物品舊了、那台洗衣機壞了，廁所的磁磚舊又難看，也詢問屋主爲何要賣這間房子呢？是缺錢嗎？是不是凶宅呢？還是房子裡頭有漏水呢？房子的方位是不是坐北朝南呢？眞的是「嫌貨就是買貨人」。

我順著郭太太的問話接著說，房子若以大門來看是坐北朝南，若以落地窗的方位來看則是坐東朝西，而這房子已快三十年，當然看起來會舊了點，但房子若重新油漆或簡易裝修後，一定會像新房子一樣。接著我進一步的說，「其實，屋主是捨不得賣這一間房子，原因是屋主與其先生離婚後，屋主的前夫爲照顧她的生活，才把房子產權轉給她，由於她不想再追憶過去的點點滴滴，才決心把房子出售」。

郭先生與其家人聽了我描述這一間房子的故事之後，就在這間房子裡面前前後後到處觀看約莫停留了一個小時，突然郭先生問我說，「你們公司開的價格還可以再談嗎？」「當然可以」我毫不思索地回答。郭先生接著說，「我們上午也在這個社區同樣看了一間坪數與這一間房子相同的房子，不過，那間房子已重新整修裝潢過，開價是七百八十萬元，而你們公司這間沒有整修過，開價要六百八十萬，這未免也太貴了一點」，「不會啦！若您眞的有喜歡這一間，您出個價，我馬上去跟屋主議價」。「不過，我兒子比較喜歡早上看的那一間房子，因馬上可以搬進去住，而你這一間，我們還要花錢裝潢，會很耗時間和金錢」，「郭先生，那一間已裝潢整修過的房子，雖然漂亮，我想不見得會非常符合您們的需求，而我這一間房子，您們可以看到屋內所有狀況，屋況好或壞一點也不會有所隱瞞，房子就可以按照您們的心意來裝修，不是更好嗎？這是我來自內心的誠懇建議」「謝先生，謝謝你的介紹，我們回去考慮過後，再給你電話」「好的，等您們的好消息喔！」。

目送郭先生全家上轎車後，我回到公司，馬上與公司開發此案的業務商討此事，也了解這間房子屋主實際要獲得的金額，以便於日後在與買方議價時，心裡有個底。

過了兩天，這一天是星期五的上午，接到了郭先生的來電說，「謝先生，你這個星期六早上有沒有空呢？來我社子的公司一趟，我想買你公司這一間巧克力社區的房子」，「郭先生早，好的，謝謝。請問您的公司幾點開始上班呢？」，我內心極為興奮的回答著。「郭先生，那麼我們明天早上約在您公司見面喔！請問您公司地址是……」。與郭先生交談過後，便留在公司準備明天要收斡旋的相關資料。

星期六一早，淡水的天空仍是陰陰的，但我的內心卻是晴空萬里，從淡水開車沿著洲美快速道路，按地址尋找到郭先生的公司，原來郭先生是一家印刷公司的老闆。一到郭先生公司門口，我手機的時間剛好顯示早上八點三十分。一進門，郭先生夫婦嚇了一跳，因為他們才正要享用早餐，也沒有想到我會如此早到，況且郭先生當時只通知我早上到即可，沒有跟我說幾點到達他的公司。

郭先生一邊用早餐，一邊跟我聊天，也一邊打開電腦，查看內政部的實價登錄網站後，他沉思了一下說，「這個社區近三年的房子買賣實價登錄資訊，大約落在五百萬至七百六十萬之間，這樣好了，我出價四百八十萬，謝先生你去幫我談，若有談成，服務費就給你公司百分之一，現在信義房屋都只收取買方百分之一服務費而已」，「對了，郭先生，您出的價格太低了，比實價登錄還低，這樣我很難跟屋主回報和議價呢？要不要再往上加一點」，郭先生緊接著說，「這樣好了，四百八十萬若有談成，我給你公司百分之二服務費，你去努力看看」，「好吧！我來努力看看，請問您要給多少斡旋金呢？一般至少要收五萬斡旋金，好讓屋主感覺您很有誠意購買她的房子」，郭先生馬上接著我的話說，「謝先生，我只要寫要約書，眞正要買房子，也不一定要給斡旋金，要約書一樣具有法律效用」，這時我內心也自個兒對話，眞是遇到一位經驗老到的內行人。

就在郭先生在「不動產買賣要約書」上簽名時，他突然想到，他也同時約了另一家仲介公司的業務來到他的公司簽約，他怕若同時兩家仲介公司都議成了，他不就要買兩間房子了嗎？原來郭先生也約了他兒子喜歡的那間房子的仲介來簽約，沒想到我這隻早起的鳥兒早到了，就有蟲吃了，眞是有點兒幸運。

郭先生連忙拿起公司的電話，快速的撥電話給另一家仲介公司的業務說，「對不起，陳小姐，我現在已經與一家仲介公司的業務在簽買賣要約書了，今日請妳不用來公司了」。

我不知道對方聽了郭先生的電話後，內心有多麼懊惱，怎麼突然間會殺出一個程咬金呢？但肯定的是，無法跟她的不動產公司說清楚講明白了。

拿到了與郭先生談妥及簽好的四百八十萬要約書，想要成交，看似不容易，其實我內心是很篤定踏實可以成交的。因這間房子我公司已銷售了一年多，別家仲介公司也一樣有在銷售。而我公司對這一間房子做了多次行銷廣告，也一直沒有媒合到合適的買方，但重點是，每一次公司的業務帶客戶看這一間房子後，就會再一次向屋主回報看屋情況，並再一次與屋主議價，屋主早被我們公司的業務所感動，願意以四百八十萬出售這間留有甜蜜與苦澀記憶的房子。

當時我會請郭先生再加價，無疑是想幫屋主賣個好價格，至少不要低於行情價，但郭先生不肯，肯定有他的考量在裡頭。然而，若郭先生眞的以四百八十萬買到這一間房子，他眞的賺到了。

回到公司後，我與開發此房子的同事商討此事，我們決定不再請買方郭先生加價，就直接向賣方屋主回報四百八十萬這個價格。而此價格也是我們一個月前向屋主商議下來的價格。我知道，若要請郭先生再加價，郭先生有可能不會買，會去買那間已整修好的房子，況且那一間是他兒子喜歡的，只不過是價格貴了一點。

爲了讓好事早點完成，在簽不動產買賣意願書（要約書）的第三天，我就向買方郭先生回報成交說，「屋主同意以四百八十萬出售她的房子」。但一聽到我回報成交的當時，沒想到郭先生一點也沒有高興的感覺，反而覺得很訝異。他說，他出這個價格，認爲我是不可能談成的。

郭先生思考了一下，馬上說，慢一點，他要請一位設計師一起再來看房子一次，深怕房子有問題。另外，郭太太說，「主臥室有看到一個甕，懷疑是不是骨灰罈」。我即刻回答道，「沒問題，請問何時再來看房子一次呢？」「就約明天早上十點」，郭先生有點急迫的想再看房子一次。

到了隔天上午十點，郭先生開著車載著郭太太，及其岳母一起來，但設計師晚了十分鐘才到，我們在樓下等設計師到了之後，就一同上樓再看房子一次；一上樓，郭太太就先找那個甕，我仔細一看，還好是泡酒用的甕。接著設計師帶著他們把整個房子從頭到尾再檢視一遍說，「這一間房子的輕鋼架沒問題（這間是挑高六米四的房子，原建設公司有實施二次施工做輕鋼架給住戶，因此房子可隔成三房二廳二衛），但窗戶邊有點滲水，再整修一下就不會滲水」。一聽到設計師的這些好話，此時我整個人也大大地鬆了一口氣，眞害怕設計師的一句哪裡有問題的話，就成了房子成交的絆腳石，眞是感謝上帝。

此時郭先生聽了設計師的評估後，已知悉此房子基本上是牢固的，就開始說，「我太太和岳母都說，貴公司要收我百分之二服務費是不符合行情價的，人家信義房屋都只收買方百分之一服務費而已，若我給仲介百分之二服務費的消息傳了出去，他會被別人恥笑，能不能只收百分之一服務費呢？」，「郭先生，不是已說定了，只要能四百八十萬談成，您說要給百分之二服務費的嗎？」我用柔和的語氣回答他的問題，希望不要造成不好的談話氛圍。「可是某某仲介公司的小姐跟我說，你三天內回報成交是不合法的，需要有三天審閱期」，郭先生語帶威脅的口吻跟我說這些話，我一聽，想必是哪一家沒簽到買賣意願書的仲介公司的業務跟郭先生說的。

在此光景之下，爲了化解危機，我馬上跟郭先生說，「郭先生，這樣好了，讓我撥個電話回公司，請教一下店長，能不能只收您百分之一服務費」，就在郭先生面前撥了個電話給店長，說明此事，也好讓自己有個台階下，而只收郭先生百分之一服務費這件事，對郭先生來說，讓他能在郭太太和岳母之前也有個面子。

後來郭先生以四百八十萬購買此一間房子，完全沒有貸款，也僅花費六十萬整修房子，兩者相加總計五百四十萬，比先前郭先生兒子看上的那一間整修過的房子還便宜近二百萬元。而這一間房子有三個房間，郭先生的兒子也僅住一間房間，其餘兩個房間，郭先生就租給淡大的學生。看到郭先生的作法，就是看見一位生意人的作法，很會盤算，也僅能讚嘆，郭先生很有投資理財的觀念和頭腦。

知識補充站

※要約書三天審閱期

目前規定透過仲介買賣的「委託銷售契約書」與「購屋要約委託書」契約審閱期至少三天；而直接與建商購買的預售屋或新成屋的買賣契約，契約審閱期至少五天。

※仲介服務費

內政部民國八十九年五月二日台（八九）內中地字第八九七九〇八七號函訂定及八十九年七月十九日台（八九）內中地字第八九七九五一七號函修正之不動產仲介業報酬計收標準規定如下：不動產經紀業或經紀人員經營仲介業務者，**其向買賣或租賃之一方或雙方收取報酬之總額合計不得超過該不動產實際成交價金百分之六或一個半月之租金**。（按：一般規定是仲介向買方收取百分之二服務費，向賣方收取百分之四服務費）。

Date ______/______/______

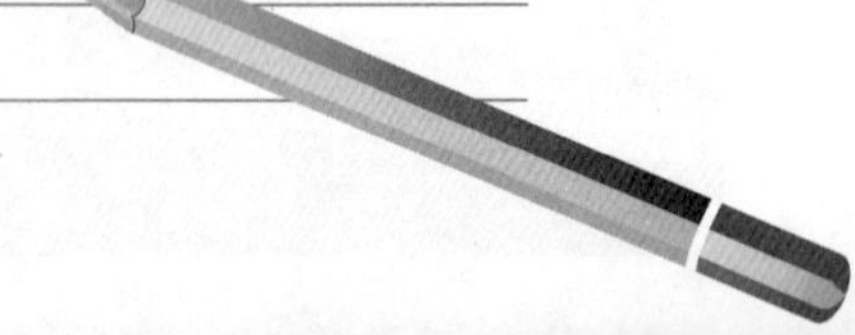

6 爲理想永不放棄的顧客

山坡建地，渴望築夢實現，景美價廉
土地價值，歸屬山坡建地，遺產負擔

淡海畫廊的老闆許先生，是以前我住在淡水重建街的鄰居，家裡收藏的畫作或是古物雕畫，大都請他裱框，許先生有一天來電請我到他的店裡，在電話中說他那邊有塊建地與林地要委託給我幫他們銷售，我馬上騎機車來到許先生的畫廊。一進畫廊，他早已把要出售的建地和林地的地號寫在紙上準備交給我，「這幾塊建地和林地的位置大約在淡江大學克難坡附近，這些地是我們的祖先留下來的，賣掉以後要用來分財產之用」。並補充說，「我們的條件是賣建地送農地」。

許先生僅簡單地述說這幾件事，沒深入說明賣土地背後的眞正原因，不過，我回公司之後，依據這四塊土地的地號，請祕書調出土地謄本一看，原來這四塊地（其中有二塊建地，二塊林牧用地），均在民國五十六年左右繼承或買賣所獲得，若計算土地增值稅，這四塊土地總計約需繳交三百多萬的稅款。另外，這四塊地在謄本上記載的地主皆姓盧，不姓許，更加引發我的好奇之心。

我撥了個電話給許先生說，「您們的土地增值稅很高喔！若這四塊土地有銷售出去，您們需繳交三百多萬的土增稅給政府，還有，為什麼地主的姓氏會姓盧而不姓許呢？」「謝先生，其實這四塊地當中有百分之六十的產權屬於我父親的，因我父親在年輕時沒讀過書不識字，當祖先分財產時，這塊土地的部分產權，就暫時登記在會識字的盧先生名下」「許先生，經過您的說明，我明白了，待會兒我會先回公司Google一下，了解這四塊土地的確切位置後，再到土地現場拍照，以免有買方出現時，指錯土地位置，事情就嚴重了」，我會這麼說，「指錯土地位置，事情就嚴重了」，係因為曾經有仲介公司的業務在買賣土地時，指錯土地位置給買方，當成交之後，一經土地測量和鑑界才發現土地位置不對，賣錯土地。事後這家不動產公司的這位業務因此還賠錢給買方，不僅服務費沒賺到，還賠上名譽、公司商譽，以及個人積蓄。

我到土地現場拍好照片，就急忙回公司製作這四塊土地的物件表，並於次日在五九一刊登銷售廣告，廣告詞是，「買建地，送農地」，售價七百八十萬，這個廣告詞和售價的確很吸引人，沒想到這個廣告刊登不到二天，公司的值班業務同仁很快就接到好幾通詢問電話。爲此，公司的業務同仁們忙著帶來電（店）客人到現場去看這四塊土地，但看過之後大都搖頭，無人有喜歡，原因是土地的坡度太陡，可能超過三十度，無法吸引買方的興趣。

有一天輪到我值班，有位鍾先生看到591的廣告，打電話來公司詢問後，極度有興趣要來看這四塊土地，我便與鍾先生約好一個星期六的上午十點到現場看土地。鍾先生說，「我有個夢想，想要蓋一棟屬於自己的別墅，又可停放自己的轎車，又可種菜、種水果，而且土地必須離淡水市區很近，土地價格又不會很貴。」

我一聽完鍾先生的需求與夢想，覺得這四塊土地可完全實現他的夢想。因這四塊土地，其中兩塊是都市計畫內之建地四十二坪，另外那兩塊林牧用地總計也有一百七十八坪。以淡水的建地容積率百分之二百，建蔽率百分之六十來計算，四十二坪的建地，可蓋八十四坪的房子，若一層蓋二十五坪，可蓋三樓半的透天別墅。其餘的一百七十八坪的林牧用地按照法規是不得開墾，僅能做休憩用途。

那個星期六的早上十點，我提前十分鐘，依約來到這四塊土地的巷口等鍾先生，我撥了個電話給鍾先生，原來鍾先生早已在巷口等我了，而鍾太太也跟著他一起來看土地。

我拿著這四塊土地的地籍圖，邊走邊指著這四塊土地的範圍給他們看，鍾先生夫婦一看也很失望地說，這坡度這麼陡峭，還能蓋房子嗎？我說既然是建地，應該都可以蓋吧！鍾先生說，土地坡度超過三十度是不能蓋的。

與鍾先生夫婦看過這四塊土地之後，馬上回公司打電話請教一位居住在淡水開業的陳建築師，請教她這四塊土地可使用情況，陳建築師說，「這兩塊建地能否蓋房子，需請測量公司來測量才準確」。由於我對測量公司這個行業不熟悉，就再次麻煩陳建築師幫我推薦，並請其順便估價實地測量費用需多少金額，但陳建築師跟我說，「因測量費用需請測量公司估價，所以土地坡度的測量費用估價單需一個星期才能給我」。我把這個好消息回覆給鍾先生之後，在電話另一端的鍾先生聽到之後頓覺很有希望，期望透過專業的測量公司測量坡度之後，坡度不會超過三十度。

我爲了能早點了解這兩塊建地的坡度是否每一個地方量的坡度都超過三十度，便請我公司的店長利用手機App的測量坡度軟體，先行至現地測量看看，即使不準確也沒關係，算是好玩吧！眞沒想到，一到現地測量結果，最陡峭的地方超過四十度，而最平緩的的地方也超過三十度。心裡暗自想著，希望這是不正確的數字。

鍾先生夫婦看過建地之後的第二天上午，我在我的Line軟體上看到一則鍾先生傳來的訊息，請我把這四塊地的地號和地籍圖Line給他看，他想進一步了解情況。我從鍾先生這個舉動來觀察，就知道他眞的有喜歡這四塊土地，若經確認建地可以蓋，我猜想應該很快就會下斡旋，請我與地主商談。

此事過了兩個星期之後，我主動寫Line給鍾先生，詢問他對這四塊土地是否有進一步看法或好消息。鍾先生在Line中回覆我說，星期六晚上八點到公司與我進一步商討這兩塊建地相關事宜。

星期六當天的晚上氣溫稍涼，看時鐘還差十分鐘就八點，我先在7-Eleven買好二杯中杯熱拿鐵在公司走廊的桌椅等候鍾先生的到來。鍾先生是一家音響公司的老闆，晚上七點下班後，順路來公司與我商談購買土地事宜。晚上八點一到，鍾先生已停好機車，走到公司走廊的椅子坐下，便一邊喝著咖啡開始與我商討建地的相關事宜。

鍾先生說，他已在網路上請教過十位建築師，其中有九位請他不要碰這兩塊建地，原因是，除了坡度問題外，還有畸零地問題，若畸零地的地主知道鍾先生很想買這兩塊建地，很可能會獅子大開口，提高畸零地的出售價格，因此，鍾先生想要蓋房子之前，沒有先解決或買入畸零地，是無法蓋房子的。

「那麼請問鍾先生，剩下那一位建築師有何看法呢？」我很好奇地問鍾先生，鍾先生竟回答我說，那位建築師還未評估出來。

「鍾先生，我有個建議，若您真的很想購買這四塊土地，何不先下斡旋金呢？我先去跟地主議價，但斡旋單上可附註一些但書或條件，例如：坡度測量費用由地主支付，土地坡度經測量公司鑑測結果若超過三十度，此項買賣合約（購買意願書）即刻失效」。我再次向鍾先生建議此事。

鍾先生聽完我的建議之後，認爲可行，值得一試，當天晚上就跟我說，要回家與老婆大人商量之後，再回覆給我。這時候已是星期六晚上十點了。

隔天星期日，我一大早起床，習慣會先打開手機瀏覽一下Line與Facebook，審閱一下是否有新訊息進來。在瀏覽Line的訊息之中，發現一則鍾先生傳來的消息，打開一看，上面寫著「晚上要到公司來下斡旋」。我看到此一好消息，即刻撥電話給經營畫廊的許先生說，已有客戶想購買您們的土地，但須先請測量公司測量建地的坡度是否有超過三十度，而測量費用須由地主支付。

許先生一聽到測量費用需由地主支付乙事，就說他無權決定，須由他的叔伯盧先生來決定，盧先生目前居住在泰國，偶而過年過節或回台灣看病時才會回淡水，許先生不願先代墊此筆測量費，就以此理由把盧先生在泰國的手機號碼給我，要我直接與盧先生商談此事。

星期天晚上買方鍾先生依Line上所約時間帶著斡旋金十萬元的支票到公司找我，一開始就跟我討論到底要以多少錢來購買此四塊土地。我說，以目前這兩塊建地的公告現值來計算，每坪超過二十六萬元，總價是一千零九十二萬元，但目前我公司對外售價是七百八十萬，已經比公告現值低很多了。

鍾先生思考了一下就說，這幾塊山坡地沒什麼價值，他願意以每坪十萬元的價格來購買，原因是建地的坡度太陡，若要蓋別墅，還需花費很多水土保持和擋土牆的費用，以及給政府的回饋金。聽完鍾先生的這一席話，顯然鍾先生是真的有備而來。

「鍾先生，您要以每坪十萬元來購買這兩塊建地，這樣計算起來總價才四百二十萬，若再計算贈送的林牧用地，每坪土地價格更低了，要不要多加個幾十萬呢？我才更有籌碼與地主商談，也更有議價的空間。」我回答鍾先生的提問。

「謝先生，這樣好了，我再加個一萬，就用每坪十一萬，總價四百六十萬去跟地主談，並說建地坡度太陡，有可能無法興建別墅，若測量公司測量結果坡度超過三十度，買賣合約自動失效」，「好的，沒問題」，我用感謝的心與自信的口吻回答鍾先生的建議。

其實，鍾先生還未來下斡旋之前，我已經多次從台灣撥電話到泰國與地主盧先生就建地相關問題交換過意見，連地主盧先生要實收的價格，我也已經議價下來，盧先生也知道這四塊土地出售之後，會有三百多萬元的增值稅，但盧先生一聽到說，測量公司的測量費六萬五千元，要請盧先生先行墊款，盧先生卻說，請在台灣的許先生先行墊款，因爲盧先生知道，萬一測量公司測量過後，建地坡度超過三十度，不能興建別墅，盧先生他自己需自行支付這筆款項。

我將盧先生的意見「測量費先請許先生代墊」之事轉達給許先生之後，許先生卻說，「這不關他家族的事，土地謄本上的名字姓盧又不姓許」，仍然要請盧先生代墊。

我知道測量費和坡度問題這件事若不能解決，鍾先生購買這四塊土地的意義就不大了。

星期日當天晚上雖然已與鍾先生簽定「不動產買賣議定書」，但內心總是掛慮著建地坡度問題，於是隔天星期一早上，就再次撥電話給淡水的陳建築師，請教建築法規相關問題，然坡度這件事，陳建築師一直保持樂觀態度，朝可興建的角度在思考；而我也再就坡度問題撥電話請教新北市政府的城鄉發展局承辦人員，經過幾次請教，承辦人員回覆我說，「只要土地謄本上記載爲建地，就可以蓋房子」。我把這個好消息用Line轉達給鍾先生，並且說，「若鍾先生內心還是有疑慮，我可介紹一位淡水的陳建築師讓您認識，她很樂意幫忙解決問題，您可就建地坡度等相關問題請教陳建築師，陳建築師是淡水在地的建築師，應該最了解淡水建地問題與情況」。

「謝先生，我爲了能釋疑建地坡度問題，就將這問題放在Facebook上請社群朋友提供意見與看法，許多人看過我提問的問題之後，百分之百的社群朋友都勸我不要購買這四塊土地，買了以後，有可能無法興建，連執照也有可能申請不下來」，鍾先生在Line的免費電話另一端有點沮喪地對著我說。

「鍾先生，沒關係，我這個星期會抽空親自到新北市政府請教此問題，屆時就會有一個明確的答案了，以去除大家心中的疑慮」，我用安慰的口吻在Line的這一端對鍾先生說。

爲了能實現鍾先生的別墅夢，以及解決盧先生與許先生家族遺產問題，我特地利用一個下午到新北市政府走了一趟，這一天剛好是星期四，我在中國科技大學湖口校區的教學是排在早上九點，因此當天上午教完課，就趕到板橋新北市政府洽公。

我一進到一個現代化的建築物，看起來很是雄偉，走在大建築物裡頭，好像走進大觀園，眞的需要公務人員指示方向才能找到要前往的單位洽公。

我要請教的單位有農業局、城鄉發展局，以及工務局，這三個單位分別位處不同棟別和樓層，需要搭不同電梯才能找到。首先我來到農業局，請教「農地保護區可使用之用途有哪些」，承辦人員很有禮貌的問我該兩塊林牧用地之地段與地號後，就從電腦中印出一份農業保護區可使用之用途給我，我一看就知道這兩塊地主要贈送的林牧用地，眞的一點利用價值也沒有，不能砍伐，只能簡易施作；取得農業局的資料後，再走到另一棟，我眞的有點迷路，還好有位好心剛從事公務員不到三個月的科員帶領著我來到城鄉發展局，我問了城鄉發展局的人員說，「有關淡水地區的建地問題要請教誰呢？」由於負責淡水地區的承辦人恰好離開座位，旁邊的同事馬上向我說，「我可以協助回答您的問題」。

「先生您好，我要請教的這兩塊淡水建地，位於山坡邊，坡度有可能超過三十度，且是屬於都市計畫內之用地，這兩塊建地旁邊已有建築物，所以應該也有建築線，而該建築物應該有超過四十年了」，我很迫切的問這個問題。

城鄉局的這位公務員，看了我給他的地籍圖之後對我說，「都市計畫區內的建地應該都可以蓋，也應該沒有所謂坡度的問題」，我一聽這話，內心眞是雀躍不已，這應該是鍾先生最想聽的一句話。

不過，來新北市政府洽公之前，有同事跟我說，發建照的是工務局，工務局那一關說的內容才算數，我心裡暗自想著，剛剛城鄉局的科員已說，「只要是都市計畫區內的建地，且有建築線，按此法規應該可以興建，而不受坡度三十度的限制」。

爲了進一步了解事情的可靠度，我從城鄉局往工務局的方向走，還好有碰到一位來洽公的熱心新北市市民，經由他的指點才走出迷宮來到工務局的門口。

輪到我時，我將來此洽公之事情的原委向工務局的辦事員說明，這位辦事員一聽，什麼話也沒跟我說，就拿了一本法規到影印機旁影印了十幾頁有關建地坡度的說明條文給我，並告訴我說，「現在政府規定，無論是否爲建地，只要坡度超過三十度，就是不能興建房子」。

我一聽完工務局這位辦事員的解說之後，心裡也涼了一半，這下子眞的無解了，鍾先生的美夢與盧先生的期望都將付諸東流。

我一回到淡水就將此事告訴鍾先生，也撥電話到泰國給盧先生，鍾先生聽了我的解說之後，他還是不死心，還要我不要放棄，一起想解方，而遠在泰國的盧先生，雖然很失望，但他有一解方，乃請我幫他們尋找有哪些企業或建設公司，想要節稅的，可購買此四塊土地。

這一件我要成人之美的大事，由於土地坡度超過三十度無解，就此告終，尙待政府或有識之士來一起破解。然地主爲了不再繳交每年的地價稅與繼承需繳交高額之增值稅，最終竟然以「向政府拋棄此塊土地所有權」收場。

知識補充站

✲土地坡度超過三十度

內政部修正「建築技術規則建築設計施工編」第二百六十二條，明定山坡地坵塊圖上，平均坡度超過百分之五十五者，不得計入法定空地面積；平均坡度超過百分之三十，未逾百分之五十五者，得作爲法定空地或開放空間使用，不得配置建物，以加強山坡地管制，此修正案預定二〇〇〇年一月一日施行。坵塊圖上平均坡度超過百分之五十五不得開發建築，再嚴加緊縮修正爲坵塊圖上平均坡度超過百分之三十者，不得開發建築。

✲土地建蔽率

所謂建蔽率，便是建築物在基地上的最大投影面積與基地面積的比率，比方說五百坪的基地，而基地周圍區域規定的建蔽率爲百分之六十，那麼，一樓的樓地板面積可能就是三百坪，而剩下的二百坪空地，可能作爲臨路退縮植栽、中庭、戶外休閒設施（如游泳池）等。

✲土地容積率

就是各樓層的樓地板面積（即爲容積）加起來除以基地面積再乘以百分比，舉例來說，若基地所處區域規定的容積率爲百分之五百，基地面積一百坪，若考慮建蔽率百分之五十時，則設計至少爲十層樓（即50%×10＝500%）。

Date ______/______/______

7 開車到桃園平鎮，開發房屋銷售

客人至上
開發優質房型
滿足需求

我的公司老闆有時候與人分享我的業績時，會很自然地跟別人說，「謝先生外表看起來就很有親和力，也很容易取得別人對他的信任，所以他的業績很好」，其實這也是我在上櫃公司當董事長特別助理兼財務部經理時操練出來的。當時看到公司營收直直落，爲了能幫公司多接一些訂單，我會主動開發一些新案子，並與相關企業談垂直整合合作。因此，讓我學會談判與放軟身段。這也讓我在進入不動產行業時，能很快進入狀況。

有一天接到朋友的介紹說，他的朋友范小姐想要換房子，就把范小姐的電話號碼給我，叫我直接與她聯繫，順便了解她的眞正需求是什麼。范小姐本人我沒有見過，但已從朋友處獲悉她目前在旅館業上班，其它就無所悉了。我依據朋友給的電話聯繫了范小姐，鈴聲響了好幾聲沒人接聽，我總計撥了三通電話仍無人接聽。我沒有放棄再次撥電話給范小姐的動機，因爲我相信朋友的介紹是眞實的。

約莫過了一個星期，猶記得當天是星期二的上午，我再次拿起手機撥了個電話給范小姐，沒想到這次眞的撥通，范小姐接電話了，「喂！請問你是誰？」「我是謝先生，您朋友告訴我說您要換房子，要我撥個電話給您，順便聽聽您對房子的需求情形」「謝先生是這樣子的，因我目前住在台北灣二期，房子約四十七坪，僅有三個房間，我想換一間大一點的房子，坪數要五十幾坪左右，且要有四間房間，但我一定要買台北灣一期的房子，你能不能幫我找找看。」「請問別個建案您不考慮嗎？我有接到一間四房樓中樓近紅樹林捷運站高樓層房子，可看到淡水河與觀音山，含車位售價一千四百八十萬」「謝先生，不考慮，因台北灣一期的環境非常好，而且我的朋友們都住在附近，我的預算只有一千二百萬，你再幫我找台北灣一期五十幾坪四房的房子」。范小姐這樣一說明，我已了解她的需求，接下來是我開始爲她找房，開發案子的時候。這也符合現在的小衆市場環境，客製化的時代，依據客戶的需求量身訂做。

隔天我便依據范小姐的需求，開始在網路上尋找台北灣一期五十幾坪房子的相關物件，經過幾番的搜尋與比對，終於看到一間略似五十幾坪的房型，便與公司同仁拿出建商以前廣告台北灣一期的「標準層平面參考圖」做一比對，在確認是這一房型無誤後，就開始繕寫開發信函，詢問那些願意出售房子的屋主。我總計寫了三封開發信函，一個星期過後仍無回音，我沒有放棄，再次過濾這三封開發信函的地址與房子位置，發覺這三間台北灣一期五十幾坪的四房房子目前均有人居住，顯然我的開發對象不對，屋主是不可能出售的。我便重新再比對參考圖、再三過濾房型座向與方位，終於找出眞正要出售的房子竟然不在這三間之內，是另外一棟朝淡水高爾夫球場、高樓層無人居住的這一間E棟的房子。

要找出這一間要出售房子屋主的居住地址，對不動產公司來說是輕而易舉之事，我即刻請祕書在系統中輸入出售房子的地址，就可連結到（或找到）屋主的居住（或戶籍）所在地，亦即調出房子（建物）謄本，在該謄本中就有記載屋主居住地址，但只有記載姓氏，沒有顯示屋主名字，這是政府爲了保護個資所改變的作法。

當公司祕書調出這一間房子謄本之後，我一看謄本內容，屋主不住在台北市，也不住在新北市，竟然住在桃園平鎮市，為了滿足買方的需求，我一如往常寫了一封開發信到平鎮市給屋主。我很有把握屋主看到這一封信一定很高興，也一定會快速撥電話給我，因我這邊已有準買方出現。

過了一個星期，仍舊等不到屋主的來電，若再等下去，我實在無法跟準買方范小姐交代，我先回電跟范小姐口頭回報說已找到她要的房型，請她再等一下，等我與屋主商討確定後，再請她來看屋。

我已顧不得屋主何時會撥電話給我，就在當下，就開車直接按地址到平鎮市拜訪屋主。這一天是三月二十四日星期四，晴天、天空藍藍的，又恰巧公司沒有排到值班，也不用到學校授課，就一個人帶著愉快又充滿自信的心情，手裡拿著不動產委託買賣契約書，開著車上中山高速公路至平鎮市尋找屋主的家。

平鎮市的街景很傳統，大樓及住家大都是三十幾年前的建築，因此看起來比較老舊，只有學校的建築看起來比較有特色，這些街景似乎與台灣其它的鄉鎮大抵雷同。我停好車，按著地址很快就找到屋主的家，屋主的大門深鎖，窗戶緊閉，是一棟三層樓有庭院的老建築，我試著按門鈴期望屋主有在家，但連續按門鈴好幾次，屋內都沒有人回應，正準備離開時，有一對母女正好從另一棟房子走出來，準備騎摩托車離開，看了我一下，應該認爲我不是壞人，就好心的跟我說，「先生，屋主曹小姐，剛退休，應該在家，若不在家可能出門了」。太棒了，「剛退休」表示現在不在家，至少晚上應該會在家。

當這對母女騎機車正要離去之時，迎面而來，有位中年男士剛好路過，問我要找誰，我說要拜訪這一家的屋主，「喔！她剛退休，若不在家，可能臨時出門，晚上應該會在家」。

沒有遇見屋主本來就有點失望，但這句「晚上應該會在家」讓我燃起一絲希望，便拿起已帶在身上的便條紙，留下訊息置入屋主的信箱裡頭，心理自個兒也在跟自己對話（讚美）說，屋主看到這張便條紙的內容，以及看見我的積極態度與行動力，應該會很感動。我看了一下手機裡的時間，已快接近中午十二點，就一個人在平鎮街上逛了好幾條街，看看市容，順便尋找餐廳，坐下來休息用餐。我找了一間湯包店，點了一籠湯包及酸辣湯，也喝了一杯7-Eleven的拿鐵咖啡後，我仍不死心，手中拿著不動產委託書，再走到屋主的家探視一下，看看屋主中午有否回家吃飯呢？再次走到屋主家的巷子，大門仍然深鎖，窗戶依舊緊閉，我便回頭開車往淡水的方向行駛了。這一路很順暢，高速公路沒有塞車，大約一個半小就到淡水，由於高速公路車流比假日少很多，感覺今日高速公路的景色格外的清晰、美麗。

回到淡水我算好到平鎮市拜訪屋主的時間，若要晚上六點到，把下班淡水塞車時間計算在內，約需二小時才會到平鎮市，因此，我就在當天下午選擇四點鐘，再一次開車從淡水前往平鎮市。我的目的無它，就是一心一意要完成客戶的夢想與心願。

因有點塞車的關係，大約在當天晚上六點一刻左右到平鎮市屋主的家。來到這個巷弄，看見一樓屋內的燈是點亮著的，我從庭院的大門往屋內透視，看到女屋主一個人在客廳看電視，屋主竟然在家！心裡真是感到無比的喜悅。馬上進前按門鈴，「叮咚~叮咚~有人在家嗎？」「請問是誰呀！」「我是謝先生」，我不敢說我是仲介，怕屋主不開門。

沒想到屋主真的開門走出庭院，來到庭院外的大門對著我問，「請問你是誰？」，「我是謝先生，之前有寫一封信給您，我有客戶想買您台北灣的房子，拜託您台北灣的房子能讓我來爲您服務（銷售），而我今天上午也有來拜訪過您，因您外出不在家，我事先有留一條信息在您的信箱裡頭，說我晚上會再來拜訪您」。這時屋主很客氣的看著我說，「你的信跟紙條我都有收到」，惟這時不知何種原因和氛圍，突然間對我很不客氣的說，「謝先生，你太積極了，讓我很害怕，而且你也很不懂禮貌，事先也不先打個電話給我，就來到我家按門鈴，你這樣已經侵犯到我的隱私權了，我今晚絕不會跟你簽委賣契約的，要簽也不會在家裡簽，你先等一個禮拜後再來找我」，聽了屋主這一番話，頓覺無厘頭，感覺屋主的話很莫名其妙，我的工作的積極度、熱誠與舉止完全被屋主誤會了，有那種「欲加之罪，何患無辭」的感覺。

我很有禮貌地回答屋主這個無厘頭的問題說，「非常的對不起，我若知道您的電話，我一定會事先撥電話給您，也不會千里迢迢的從淡水開車到平鎮來找您簽委賣契約，若您感覺我來拜訪您有侵犯到您的隱私權，我再次的向您道歉，我這裡眞的有客戶想買您的房子，所以我才會寫信給您，親自登門來拜訪您，絕無惡意」。屋主對我的道歉和說詞，以及遠道而來的行動力似乎一點感動也沒有。但卻有點反常，不知何緣由，主動要我先加入她的Line通訊軟體。因爲現代人連絡或者傳達訊息的方式都已改變了，而屋主也在使用Line通訊軟體，就表示她一點也不落伍。我先打開我的QR-Code讓屋主掃描，屋主掃描成功後，我便傳送一個貼圖給屋主，表示我與屋主之間以後賣屋相關事情均可透過Line通訊軟體來溝通了，我也很有自信屋主一個星期過後，一定會跟我簽房子委賣契約。

當我跟屋主說聲謝謝準備離開時，屋主又再一次地跟我說，「一星期過後你再打電話給我，我們再約時間。」聽到屋主這一番話，讓我在開車回淡水的路上，心情非常愉快，對成交這一間房子充滿盼望，對從事不動產行業更充滿戰鬥意志。

回到淡水之後，我馬上在Line通訊軟體上，寫上「曹小姐平安，非常抱歉，沒經過您的同意就來拜訪您，再次跟您說聲抱歉。也謝謝您願意再撥空與我商談台北灣房子出售事宜，再次謝謝您」。這是從事服務業必須要做的功課，也是黏住客戶的方法之一，留下一個信息在客戶的Line裡頭，一方面讓客戶知悉他曾經說過哪些話、答應過哪些事，這樣客戶就會與你有更多的互動和交集。

住在台灣的居民多知道，四月裡的天氣常常變化多端，尤其在清明時節常常是細雨紛紛，而有人也會形容四月的天氣是「春天後母面」。就在四月十日未到的前三天，就是四月七日，清明節過後，屋主傳來一個驚天動地的簡訊給我說，大意是「她剛從日本旅遊回國，隔天左鄰右舍都知道她要賣房子，是我到處跟她的左鄰右舍散布此消息，已造成她的隱私權外洩，她決定不讓我賣她的房子了」。看到這則信息，我先冷靜了幾秒鐘，便拿起手機撥電話給曹小姐說，「曹小姐您好，那天拜訪您過後，我就沒到過您平鎮的家，當天也沒有接觸過您的鄰居，您可能誤會了」，曹小姐完全不聽我的解釋，一直認爲鄰居知道她要賣房這件事是由我引起的。

賣房子這件事，在台灣一般的鄉村居民，有人會認爲是一件可恥的事，這個過去的老觀念，我祖父和父親那一輩就有，認爲賣房子表示家裡缺銀兩，需賣掉祖產一樣的羞恥，這是因爲他們從來沒有從投資理財的觀念來看此事。

既然曹小姐對我的誤解如此深，心想「水深則流緩，語遲則人貴；言宜慢，心則善」，我也不再多做解釋了，爲了完成買方范小姐的心願，只好採用另一方法，就是跟同業借物件來賣，我知道這間四房五十三坪的房子在二十一世紀不動產有銷售，只是借物件，成交後服務費需由兩家公司來平分，但在經濟不景氣，及不動產銷售停滯的階段，能爲公司帶來一點收入也是一件不無小補的事。

「二十一世紀不動產您好，我是鍾媽媽不動產的謝先生，想跟您們借物件，我在網路上有看到台北灣一期那間五十三坪四房的房子，貴公司有在銷售，因我這邊有客戶在尋找這類型的房子，可以向您們借物件嗎？」「沒問題，你填好物件交流單即可」「謝謝喔！」。

我借到台北灣這間房子的鑰匙，自己先行到這一間房子了解屋況後，即刻撥電話給范小姐來看這間她心目中想要購買的房型。由於范小姐本身住在台北灣二期的關係，大約過了一刻鐘，就遠遠看見一群人大搖大擺地從台北灣一期的側門走路過來，原來她也找她先生，以及親朋好友一起來看屋。我遠遠的目視這一群人，眞的很像賞屋團。進了這間屋子後，由於屋內沒有裝潢，呈現原始建商交屋時的模樣，一群人便開始指指點點，評論這間房子的方位、景觀、格局等等。

「謝先生，這間房我有喜歡，你能不能以一千二百萬幫我談成？」范小姐用很直接的口吻跟我說，聽了這一句話，內心想著，怎麼這麼直接呀！「沒問題，但是這間房目前的屋主是買第二手房，房子已過了兩手，要便宜下來不容易，我記得沒錯的話，這位屋主當初是買一千三百五十萬」我回覆范小姐的問題。范小姐再次跟我說，「你用一千二百萬去幫我談看看」，「好的，我努力看看」，但我沒有主動向范小姐收取斡旋金的原因。乃因我知道一千三百五十萬這個數字，是從房屋謄本上的貸款金額計算出來，以及買賣紀錄上得知屋主是購買第二手的。

我把鑰匙還給二十一世紀不動產時，也順便向二十一世紀不動產開發這間房子的業務沈先生回報，我的買方口頭出價一千二百萬的價格，但這位業務沈先生跟我說，「他們已收到一組客戶的斡旋金額一千三百二十萬，正在與屋主商談當中，但這位屋主江小姐很難纏，價格一直不放（降）」。

過了一個星期後，我爲了了解房子情況，順便再請范小姐加價，就撥了個電話給二十一世紀不動產的沈先生，詢問房子議價有沒有成功，沈先生說，房子已談成了。我知道情況之後，也同樣撥個電話告訴范小姐，台北灣一期那間房子已被別的不動產公司成交了。

「謝先生，沒關係，不急，你再繼續幫我尋找……」電話那一頭傳來范小姐的聲音。「**OK**，沒問題，我會繼續爲您尋找合適的房子供您挑選，再次感謝！」。

知識補充站

※開發信

客户開發工作是銷售工作的第一步，一般而言，是業務人員透過客户的需求或是市場調查，初步了解市場和客户情況，對有意出售不動產或產品的賣方重點溝通，最終完成委託出售的目標。

※建物謄本

當買房子時，要確認屋主身分、房屋（土地）坪數大小是否正確時，地政士、房仲業、金融業、估鑑價業、土地開發業者等相關行業可上網使用地政服務網查詢房屋（土地）資料，防止上當被騙。

8 買屋看屋，等候風水師點頭

看屋有喜歡
徵詢風水師意見
求內心平安

高中時代，我對自己的命運常感困惑，為什麼考不上台南一中，但別人就可以，因自尊心作祟，都不太敢出門到村子裡頭走動，害怕別人問起我讀哪所高中。為了剖析自己的命運與未來，就開始對命相學產生興趣，當時每個禮拜天一定會準時看〈中國時報〉刊登飛雲山人所寫的「手相與面相學」解說。

而自行研究手相與面相一段時間後，又開始研究血型學、十二星座、紫微斗術，以及風水學等數術。因此常搭火車或客運到台南市的南一書局購買這些書籍，使得我家裡的書桌與櫃子擺滿的都是這些書，而且我一看到人就會暗中開始爲他們看面相、算命，剖析他們的性格，舉凡感情線如何？幾歲會結婚？會有幾個老婆？有幾段婚姻？幾個小孩？事業線如何？財富如何？田宅宮與鼻樑如何？看完之後，接著又開始跟他們閒聊，問他們是何種血型？屬哪個星座？在那段時期整個人幾乎被這些事所轄制。有時候也會自個兒跑到台南市，到命相館去找算命師算命，解解自己人生的疑惑。

然而說到風水，尤其是家裡的擺設，及祖先墳墓的地理位置與座向，均會影響到個人和家人的財富、健康與職場地位。所以那些官位做愈大，事業做很大的老闆們特別喜愛看風水及重視風水對財運的影響。據我個人的研究，風水主要談論的是一種磁場和靈動，它們會影響到你的未來，有時候也會干擾你的靈魂和精神，亦或對你後代子孫造成深遠的影響。這也是爲什麼我在從事不動產工作，帶過幾位企業老闆看屋時，他們在做最後決定買屋或租屋之前，一定會找風水師來現場看房子四周環境的原因。

猶記得二〇一五年的農曆年前二個星期，朋友介紹一位有錢的嫂夫人要來台北灣社區看屋，朋友告訴我說她的買屋預算在三、四千萬元左右，要高樓層且又能看到海或河景的房子，我依據這位嫂夫人的需求，就從公司的物件表中找了四間高單價、大坪數，又能看到高爾夫球場和觀音山的房子供她參考。我的朋友沒有跟我介紹，她是一位老闆娘，她的公司在大陸，目前在大陸開工廠做生意。

看屋當天，我的朋友與這位嫂夫人約在台北灣社區的大廳見面，嫂夫人由別人開車載她過來，見了面之後，看到老闆娘爲人很客氣，氣質高雅，穿著又有點樸素。我先簡單自我介紹，並邊走邊依序推薦這四間大坪數、高單價的房子供她來挑選。沒想到我推薦的房子其中有二間別家仲介公司早已帶她看過了，我內心暗自思索，這位老闆娘應該已看過許多物件，也已被多家仲介公司鎖定，應該是位準買方，我必須更加細心與耐心介紹房子讓其挑選。

在多家仲介競爭情況下，我介紹給她的產品必須與其它仲介公司有所區隔，才能吸引她的注意，以及引發她的興趣與渴望。便特地先安排她看了觀海社區一間頂樓大坪數房子，房子價位在四千五百萬左右，從這間頂樓房子的窗戶和露台可以遠眺高爾夫球場、觀音山、淡水河、台北港，以及台灣海峽，這間二百七十度景觀的房子，我想她一定會喜歡，我的推銷方式是採用行銷學的AIDMA（Attention, Interest, Desire, Memory, Action）方法來爲她介紹這間高樓層和高總價的房子。沒想到看完房子之後，這位老闆娘說，「我還要等我老公從大陸回台灣的時候再來看一次，我們也會請一位風水師陪同看屋」，接著又跟我說，「很抱歉謝先生，另外一家仲介公司目前在天海社區等我，也準備帶我看另外一間高樓層的房子」。心想那間高樓層物件是我公司沒有，且價位比我這一間便宜，又能一百八十度看到整個高爾夫球場、淡水河，及觀音山，唯獨看不到台灣海峽。面對此情況，也只能等她先生從大陸回台再看一次才有結果，不過最後決定權，還要看他們請的那位風水師青睞哪一間了。

過完農曆年，這位老闆娘打了個電話給我說，「謝先生現在有空嗎？我與我的先生及風水師正準備要再看一次你推薦的那間高樓層的房子」「好的，我們約下午二點台北灣二期見」。風水師一到後，審視台北灣二期四周環境，便與這位台商和老闆娘竊竊私語一番，我在旁有些微聽到風水師對他們說，屋角，尖尖的屋角不好，會煞到你們，還有這間房子沒有路沖等等術語。

原本我認爲台北灣社區最美的地方是那尖尖的紅屋頂，覺得很有造型與特色，像是歐洲的城堡，這是淡海新市鎮其它建築（案）所沒有的，很引以爲傲，沒想到在風水師的眼中，這竟然是不完美的。這樣被風水師一說，我的心境竟然也被風水師的術語所影響，覺得眞有那麼一回事，內心暗自忖著，我怎可整個心境就被一個風水師的話給帶走呢？我必須重新回到那起初的心境，用美與善的角度來看待台北灣的美麗建築。

當我的心境回復和改變到原來的心境之後，內心就慢慢的不受風水師的術語所轄制與捆綁了，重新再看看台北灣尖尖的紅色屋頂，一切又是那麼的優美有特色。聖經裡頭有句話說，「你要保守你心，勝過保守一切，因為一生的果效由心發出」，無論外在的環境如何，只要保有良善的內心，看待外面的事物也會變得一切都良善。聖經的這一句話與我過去研究命相學所獲得的結論非常雷同，亦即「相隨心改，相由心生」，兩者有異曲同工之妙，所以不用去算命，去算命的結果，你的心再不改變，一點也沒有用。人一生的命運是掌握在自己手中，而不是依靠別人。

老闆娘與她的台商先生，後來接受風水師的意見，沒購買我所推薦的這間高樓層房子，他們購買了另一家仲介公司所介紹的另一間台北灣一期高樓層的房子。因為風水師說，那間房子比較看不到屋角和尖尖的屋頂。

然在這件事過後，我又接到一對夫妻指定要看台北灣一間七十七坪四房的房子，說要租給他在淡大念書的兒子住，而他們偶而來淡水看兒子時也有個地方可以住，也順便來台北灣社區渡假。台北灣社區環境眞的很優美，除了有庭園設計和一公里的環社區步道外，還有游泳池、溫泉、圖書館、健身房、遊戲區，及小型電影院與KTV，的確很像個渡假村。這對夫妻是中小型企業負責人，這間房子租金每月三萬八千元（含車位與管理費），對他們來說不是問題。然經由我介紹社區環境與房子情況，以及簡單介紹這間房子的屋主是新加坡人後，這對夫妻已願意承租這間七十七坪的四房房子。但他們話鋒一轉又說，「謝先生很抱歉，能不能再等一個星期再決定呢？」我說，「你們這麼喜歡這間房子，爲什麼還要等一個星期呢？」「因爲我們還要請一位風水師來看一看這間房子適不適合我們住，風水師下星期六才有空」。「好的」我有點無奈的回答道。

過了一星期，這對夫妻與就讀淡大的兒子和風水師如期來看屋，他們能夠如期來看屋，這當然與我在前一天再次與他們聯繫也有關係。我拿著磁扣刷一聲，帶領他們來到台北灣社區某一棟十二樓。風水師一上十二樓，即刻在這間房子的前前後後約莫看了五分鐘後就對這對夫妻說，房子大廳可看到高爾夫球場的一片綠地和觀音山，地理環境非常好，但觀音山的山上有許多墳墓就不好，而這屋子的後面，從陽台看下去會看到別墅區屋頂的屋角，屋角像把利刃，像是刺進你們家的後院，不適合你們全家來居住。這對夫妻聽完風水師的分析後，就輕聲細語地對我說，「謝先生對不起，這間房子我們不租了，風水師說不適合。」我聽了這對夫妻的回話後，心裡想著，爲什麼他們寧願相信風水師，也不相信自己呢？難道他們眞的願意將一生的命運交給一位風水師嗎？

這對夫妻不租的隔天，我接到了一位年輕女士的電話，「你們公司有沒有台北灣大坪數的房子要出租呢？」我說，「有啊，妳現在要來看屋嗎？」「好啊！下午三點可以來看屋嗎？」「沒問題，下午三點台北灣社區大廳見」。

我與這位要租此間（七十七坪四房）房子的張小姐見面，先簡單的介紹自己後，便帶她看這一間房子。張小姐一看到房子，就大叫「Wow!」客廳這麼大，陽台又有一個大浴缸可泡澡，又可欣賞外面的美景，主臥室又這麼大，還有按摩浴缸，廚房與後陽台空間又夠大。「我決定租了」，張小姐喜悅的說道。

這間七十七坪的房子就這樣被我給租出去了。同樣的房子，不同的看屋者，不同的觀念，命運也大不同。

知識補充站

※行銷AIDMA

這是在一八九八年由美國廣告學家E.S.劉易斯最先提出。其過程是首先讓消費者，注意到（Attention）該廣告，其次感到興趣（Interest）而閱讀下去，再者產生想買來試一試的欲望（Desire）。然後記住（Memory）該廣告的內容，最後產生購買行爲（Action）。這種廣告因發生功效而引導消費者產生的心理變化，就稱爲AIDMA法則。

※風水

風水一詞早見於晉朝郭璞：「氣乘風則散，界水則止。古人聚之使不散，行之使有止，故謂之風水。」風水主要分爲陽宅風水及陰宅風水。陽宅風水以生人居住所或辦公廳舍爲目標的風水選擇，除了房舍之外，需一併留意的選擇要件包括，屋外街道與排水、門位、屋內動線、神位擺放、廚灶位置、辦公座位等等。

9 低收入戶還能買房收租金

名下無財產
還能買房收租金
哇！低收入戶

有一天接到星海灣代銷朱小姐的來電說，她有一間房子要出租，請我過去簽租賃契約，我也是朱小姐的客戶，是購買台北灣社區的房子時認識的代銷業務。因為後來我進入不動產領域工作，朱小姐為了能進一步擴展人脈，有助於她的預售屋銷售，她那邊若有客戶想要出脫房子買賣的相關消息或案件，也會介紹給我，若用俗氣一點的話語來說，就是「水幫魚，魚幫水，有錢大家一起賺」。

我依約來到朱小姐上班的接待中心，接待中心裝潢得很優雅，一進門的左邊擺放預售屋模型，右邊是櫃台，朱小姐就約我在右邊的櫃台與她洽談此租賃契約。朱小姐一開口就直說，這一間房子不是她的，是她姊姊用她的名字購買的，並且說，「姐姐是低收入戶，領有政府低收入戶補助，由於低收入戶名下不能有任何財產，所以才利用她的名字購買此間房子」。接著又說，「這一間二房的房子含車位的租金，包含車位與管理費在內，每月要租一萬八千元」。聽過朱小姐對房子和房租的簡述之後，與她簽了簡單的租賃契約，朱小姐也把房子的鑰鎖交給我，我便騎著摩托車離開了接待中心，往公司的方向騎去。

我一邊騎著摩托車一邊想著，「兩房含車位，房租每月一萬八千元，說眞格的不是小數目，若不是雙薪家庭，在此低薪時代，家庭若光靠一個人的薪水，要租此價格的房子，的確負擔很重」。

我自己也暗自推敲，朱小姐自己在建設公司裡面工作，若向自己的公司購買房子應該有員工價，比較便宜，而她替姐姐代爲購買的這一間二房的房子，我也很清楚當時購買的價格大約是多少，況且朱小姐又是與她的同事一起選好了好幾間房子，再一起與自己的公司議價，我想房子每坪的價格應該會更便宜才對。

我爲了能早點製作廣告把房子出租出去，後來沒有騎機車回公司，便直接到這間房子的裡裡外外拍照，回到公司便開始傳送房子屋況內部與社區外面的照片到公司的電腦資料庫中，並請祕書製作該房子物件檔案後，即刻在公司網站行銷及廣告。由於這間房子屋況良好，家具等相關配備又是一應俱全，應該很容易就能租出去，就請祕書也順便在591出租網刊登廣告。

果眞如我所說，很快就有一位中年男子來電說要來看此間屋子，因他白天上班的關係，約晚上六點左右要過來看屋，這位中年男士看過房子與社區環境之後非常喜歡，想以每月一萬六千元的租金租這一間房子，就請我去與屋主議價，由於這位中年男士有點急，便拿起手機在電話中直接與房東朱小姐議價，雙方經過幾次的溝通和商討之後，最後以一萬六千五百元租給這一位中年男士，並與朱小姐約定簽約時間，朱小姐說，簽約當晚她無法過來，會請眞正屋主（朱小姐的姐姐）過來簽約。

簽約當晚，這位中年男士提前十幾分鐘到達我公司，與他一起進到我公司的還有一位美女和一位讀小學的小女生，原先我以爲他們是夫妻，是一個家庭，後來在交談過程中，才發現這房子是這位中年男子要租給這對母女住的。那位美女是這位中年男士的女朋友，而這位中年男士是一家廣告設計公司的老闆。這位中年男士爲什麼要租房子給這對母女住呢？明眼人一看，就知道另有隱情，我也不便多問，只能默默地想著，「問世間情是何物？」。

過了沒多久，我往公司的窗外一瞥，看到一位穿著非常時髦，手抱著一隻寵物狗吉娃娃，另一隻手提著LV皮包的美女坐在走廊的椅子上，她的身旁又有一位男士陪伴著她，我便走出門外與他們打招呼，原來是朱小姐的姊姊，是眞正的屋主，此時內心暗自思想著，朱小姐的姊姊不是低收入戶嗎？怎穿著如此時髦呢？一點也不像低收入戶的樣子，而在朱小姐的姊姊旁邊的這位男士，我猜應該是朱小姐的姐夫吧。

在簽租賃契約的過程當中，屋主蓋章處完全使用朱小姐的印章，而不是使用眞正屋主朱小姐的姐姐的印章，連每月租金入帳的銀行帳戶名字也是朱小姐的名字。只是銀行的提款卡放在朱小姐的姊姊那邊保管使用。

此事，讓我想起三件低收入戶的故事，一則是，我朋友的公司有一位低收入戶，這位低收入戶說，她每月的薪資特地請公司不要存入她的銀行戶頭，因她的戶頭只要超過八萬元台幣，低收入戶資格就會被取消，每月就領不到政府的低收入戶的補助。她爲了繼續領低收入戶補助，所以她自己賺的錢就存入別人的戶頭。但我不好意思再追問的是，不知有沒有薪資扣繳憑單呢？

一則是，有對夫妻離婚後，兒子歸父親扶養，妻子就把自己名下幾間不動產的財產均過戶給自己的獨子，自己名下沒留下任何財產又沒工作，此時就可向政府申請低收入戶補助，而且每月在外租屋的房租又可向政府申請補助。但更聰明的是，這位妻子租的房子就是自己過戶給自己兒子的房子，母親仍舊住在原有自己的房子裡頭，政府補助的租金，就變成她兒子的另一種被動收入。這位母親除了按月請領政府給的低收入戶補助外，自己另外又可按月收取其它她過戶給兒子房子的房租收入，也就是這些過戶給她與前夫生的兒子的房子的租金收入仍由這位母親按月收租。

另一則是，有位就讀大學的年輕人，他的父母長年在中國大陸工作的關係，所以在台灣沒有存留任何薪資扣繳憑單的證明資料，由於他的父母在大陸工作的所得沒有被列入台灣這邊的薪資所得計算，因此，這位大學生的家庭也被列入低收入戶，他自己除了可以申請減免學費外，自己的銀行存摺永遠有低於八萬的存款在裡頭，每天吃住完全不用愁，還能按月領政府低收入戶補助，可是他們的家竟然擁有三間房子可以出租，按月收取租金收入，只是這三間房子的產權也是暫時列在別人的名下。

看到此，眞是看到政府的良好政策被一小群人利用法律漏洞拿來享用。可見有些低收入戶的財產還眞的比那些不是低收入戶家庭的財富多得更多，而且更加富有呢！

知識補充站

※低收入戶

社會救助法第四條：指經申請戶籍所在地直轄市、縣（市）主管機關審核認定，符合家庭總收入平均分配全家人口，每人每月在最低生活費以下，且家庭財產未超過中央、直轄市主管機關公告之當年度一定金額者稱之低收入戶。例如：低收入戶的動產，含存款本息、有價證券投資、理賠金等，在台灣地區不超過新台幣七萬五千元，不動產三百五十萬元。但台北市的低收入戶的動產則在十五萬元以內，不動產七百四十萬元。

※薪資扣繳憑單

當你有所得來源（較普遍是薪資收入，利息收入），或是其它的收入時，這些收入的給付單位會在隔年寄發「各類所得扣繳暨免扣繳憑單」，作爲國民納稅義務申報所得稅時之依據。

10 當衆索取服務費，否則別成交

佣金在前頭
願幫朋友尋住房
仲介虧大了

來淡海新市鎮購買房子的人，除了是來自美國、加拿大或是紐西蘭的華僑外，有許多是香港人來此置產的，香港人認爲台灣房地產的價格比起香港便宜太多太多了。另外，淡海新市鎮離台灣海峽很近，又近大屯山，有點像香港，要到海邊看海，到山上爬山，走路或開車均可。山與海的距離約在五至十分鐘的車程以內即可到達，兼因淡海新市鎮有公司田溪貫穿整個新市鎮，溪邊兩旁種滿樹栽、又有腳踏車和運動步道，以及二〇一八年底已開始營運的輕軌、影城、Shopping Mall也將陸續開張營業，對於淡海新市鎮整體居住環境而言，眞是宜居樂活，這也是吸引香港人來此置產的另一個因素。

根據與來台灣置產的香港人閒聊當中得知，香港政府規定，香港人來台灣投資或置產的金額最高爲新台幣九百五十萬元，但從二〇一七年起更改爲新台幣七百五十萬元。香港人只要拿護照，就可來台購買不動產，並將購買不動產的合約書拿給銀行核檢過後，銀行即可解匯，將金額撥入賣方的銀行帳戶裡，這與大陸人來台灣置產不一樣。大陸人來台置產，首先其身分需經過海基會和海協會雙方政府的認證無誤後，才能在台灣置產，金流手續繁瑣，行政公文往返時間冗長，至少要花費半年以上的時間，才能辦妥購屋手續。

而我公司業務同仁，就曾接到好幾位香港人來淡海新市鎮置產的case，其中，有位香港人王先生一直想在台灣購買一間屬於自己的房子，特別選在淡海新市鎮作爲他置產的好居所，原因是，一則淡海新市鎮的房子設計現代化，且有整體的市容規劃，一則是臨海近山有點像香港。王先生尋找淡海新市鎮的房子這件事，一直透過他在台灣的朋友胡先生協助，過去二年，胡先生已幫他尋找過好幾間淡海新市鎮的房子，都沒有找到心目中理想的房型，價位也偏高，也許是後來又受到香港政府個人海外投資七百五十萬金額的限制有關。

在二〇一八年房市低迷期間，我公司有一間二房二廳一衛的房子已銷售一段時間，因價格偏高的關係，一直未銷售出去。由於屋主急需用錢，將售價調整為七百八十萬且含車位價格在內，此一間二房含車位的房子，若經過議價價格，應該會落在香港政府限制個人海外投資的七百五十萬價格以內。

王先生在台灣的友人胡先生從591購屋網得知此消息，馬上請王先生來台灣看屋，從香港搭飛機來台灣一小時左右即可到達桃園機場，王先生就選擇星期假日來台灣看屋，由於這一間房子價格便宜，其它仲介公司也帶好幾組客人來看屋。也許胡先生已經陪同王先生看過許多房子，加上當天看屋的客人非常多，認為再不把握，有可能這一間CP值高的房子會被其它客人先行下斡旋買走了。

當天下午，我公司業務帶領他們看完這一間二房的房子後，胡先生馬上跟買方王先生建議說，趕快到我公司下斡旋金，並簽不動產購買意願書的合約。他們為什麼會如此急呢？可能買方王先生與介紹方胡先生看到其它仲介也帶好幾組客人來看這一間房子有關。另一方面，因為房子買賣只要有一家仲介公司一收買方斡旋金，並向屋主回報買方欲購買之價格，這組客戶就有優先議價和購買權，除非屋主不同意此價格，才可以輪到下一組仲介收斡旋金的客人，並依據其所提出的購買價格來與屋主議價。

我公司業務一接收到王先生與胡先生的買屋下斡旋的請求之後，即刻打電話給公司的祕書，請她準備茶水，並打開會議室的冷氣機，以便公司的業務帶胡先生他們到公司的會議室商討購買價格之前，已經有個舒適的商議環境。

這時介紹人胡先生一到公司會議室，大搖大擺地坐在會議室的椅子上後便說，「我本身也有不動產證照，也受過訓，對不動產相關法規也很熟悉，服務費方面，買方要給仲介百分之二，賣方要給百分之四」，胡先生的確敘述得很清楚。

而香港人王先生購屋這件事經我側面了解，我公司的業務在與介紹人胡先生接洽此一購屋生意之前，胡先生就早已跟我公司業務說，「若有買賣成功，他只要一份紅包，意思！意思一下！即可」，我公司業務也同意，「若有成交會私下包一個大紅包給胡先生」。因事先已取得此共識，因此，雙方在公司簽定買賣意願書（下斡旋金）的過程之中，大家聊得非常開心，商議結果，買方王先生願意以六百八十萬的價格購買此一間房子，並請我公司開發此案的業務去與屋主斡旋（議價）。

由於這一間二房的房子已經賣了一段時間，加上屋主急需現金應用，所以我公司開發此案的業務很快就談成了，不過服務費方面，屋主說，已經便宜出售了，僅能給百分之二點五。公司對百分之二點五的服務費雖有點不滿意，但還可接受，原因是買方王先生事先已答應要給公司百分之二的服務費，這樣加起來總共有百分之四點五的服務費了，在不動產不景氣的當下，對公司的營運算是久旱逢甘霖一般。

因為王先生停留在台灣的時間短暫，為了讓此案件順利進行，公司開發方業務很快就與賣方議妥價格回報成交，即刻與店長、公司買方業務一起討論簽約日期與時間，以及要請哪位代書負責簽約等行政事宜，並詢問買方王先生和屋主雙方共同有空簽約時間之後，就敲定下個星期六的下午二點，在公司的會議室簽不動產買賣契約。

約定好簽約的這個星期六下午二點來到之前，買方王先生與他的朋友胡先生說，要先到房子那邊再看屋一次，公司買方業務當然要陪同過去，此時介紹人胡先生就在房子裡頭悄悄地向我公司業務同仁提出，他要服務費的條件改為，「買方百分之二服務費全部屬於他的」，公司業務驚覺此事情的嚴重性，便將此訊息透過Line通訊軟體傳給店長和開發方業務，讓他們先行知悉，以便提早備案因應。

買方王先生他們看完屋要回到公司之前，代書、賣方屋主和屋主的朋友早已在公司會議室等他們了，而這位介紹方胡先生，一進到公司會議室便一個人獨自坐在會議室桌子的主席位上，即刻用逼問的口吻，手指著賣方屋主說，「妳要給仲介百分之幾的服務費呢？是不是要給百分之四服務費呢？」屋主這樣臨時被逼問，也嚇了一跳，不知如何回答，「沒有百分之四」，屋主的朋友竟幫著回答了。胡先生馬上說，「我不相信」，「買方這邊的百分之二服務費我要，賣方的百分之四服務費就給仲介公司」。大家聽了胡先生這句話後，這時候整個會議室內的氣氛就凝結在那，無聲、寂靜，像是冬天裡的冰庫，大家突然被凍結在室外一般。

這時候，代書說話了，「胡先生，不能這樣，仲介公司從事服務工作，也需要人事費用、店租、廣告費等成本的，若每個介紹人都說他也要與仲介公司分服務費，仲介公司怎麼經營下去呢？」。我公司買方業務也順著代書的話說，「胡先生，我們不是已講好了嗎？公司會包一包紅包給您嗎？」「不對！之前我講的不算數，就以剛才我說的為準，買方這邊百分之二服務費屬於我，不然今天就不用簽約」，胡先生在會議室中突然以高亢的聲音說出此話，會議室裡的空氣又突然凝結在那冷凍庫裡頭，一切變得很冰冷、沉重。

代書面對此突發景況，也不知所以然，賣方也不知所措，可是這位胡先生還不停地在會議室中使用語帶恐嚇的話說，「不要買了！不要買了！今天不要簽約了」。在此一充滿錢銅味氛圍又空氣凝結的寂靜景況之下，突然間我公司店長說話了，「胡先生，這樣好不好，買方這一邊百分之二服務費，您跟我公司各分一半如何？」「好呀！」，就照店長你的意思辦，我朋友這一邊百分之二服務費就我拿走百分之一」，非常奇怪，我公司店長這樣一說，胡先生竟不假思索就快速答應了，也當眾馬上打電話給他老婆報告此事，胡先生老婆還在電話中大言不慚的說，「這還差不多」。

這時在公司會議室外，辦公室內的同仁一聽到胡先生夫婦那一席話，大家竊竊私語地說，「真是吃相極端難看」。

在雙方服務費分法取得共識之後，買方王先生在介紹人胡先生的示意之下也就答應簽約了，惟當時我在看買方王先生面對胡先生亂鬧那個時段的表情，王先生一直很冷靜，一句話也不表示，眞讓人懷疑他們來簽約之前，是否已經沙盤推演過呢？

我公司買方業務爲防止胡先生的不守信用之事再一次發生，就寫了一張百分之一服務費的同意書，請胡先生在上頭簽字，胡先生看過同意書內容之後，一句話也沒說，就在同意書上簽字了。整個房子買賣簽約案才就此落幕，買方王先生也趕緊拿著這份購買不動產的買賣合約書到銀行去辦理解匯，讓從香港匯入台灣的資金得以撥入履約保證金戶頭。

知識補充站

✵淡海新市鎮

位於新北市淡水區北端，全區共計一千七百五十九公頃。爲紓解台北都會區中心都市成長壓力，配合土地儲備制度，解決都會區住宅不足及房價飆漲問題，並樹立都市發展典範，計畫人口三十萬人；依據內政部營建署原規劃開發方式：全區分爲二期四區開發，採區段徵收方式辦理。淡海新市鎮土地使用分區包含住宅區、中心商業區、海濱商業區、鄰里商業區、產業專用區、政商混合區、行政區、醫療專用區、藝術文化專用區、車站專用區、保存區、海濱遊憩區、河川區、高爾夫球場專用區等，生活機能完整。迄二〇一八年開發進度，已辦理第一期發展區第一、二開發區，合計面積四百四十六點零二公頃土地之開發，占全新市鎮總面積之百分之二十五點五一。

Date ______/______/______

11 喜愛Kimochi的買方

換屋求安靜
過度殺價與挑剔
總是Kimochi不爽

有一天早上打開我的手機，在Line的訊息上看到二年前跟我有業務往來且當時還在一家仲介公司擔任業務的林小姐（按：林小姐後來離開仲介業，轉換跑道經營民宿）傳來信息說，她妹妹有一間椰林大道社區的房子要出售，可否請我幫忙呢？爲什麼林小姐還記得我呢？乃因我一直與林小姐在Line軟體上保持聯繫，我這邊只要有便宜的房子屋主要出售，或者屋主急著用錢，降價求售的房子，我都會傳信息到Line上供她參考，而這種時常與老客戶或有業務往來的客人，常提供房地產投資的信息供他們參考，也是一種行銷的手法。

看過林小姐傳來的信息之後，我馬上用Line回覆她說，「OK!」，當天下午就約在椰林大道社區內一樓的大廳簽委賣契約（按：林小姐的妹妹因住在台北，授權委託住在淡水的姐姐簽約）。

在社區一樓大廳一邊簽委賣契約，一邊閒聊的時候，林小姐說，「這間房子曾經委託某些房屋等仲介公司銷售一段時間，尚無好消息，而我妹妹當初買這間房子時特別幸運，都沒有遇到漏水情況，聽說這社區住在頂樓的住戶，有好幾間有漏水情況，有請原建設公司修補過」。林小姐爲什麼要特別強調房子沒有漏水呢？主要是與興建這社區的建商風評不佳有關係。

我接著林小姐的話請教，「請問一下，您妹妹爲何要賣這一間房子呢？」「其實我妹妹很捨不得賣這一間房子，房子裡面的裝潢都是她精心設計的，平時我父母親偶而會來與她同住。因我妹妹今年年初剛結婚，她嫁到台北市，也在台北市的大安森林公園附近買了一間大套房二千多萬。而我妹妹又很喜歡讀書，這間房子除了我妹妹搬走的書櫃外，其餘的物品都會留下。對了，冰箱以後是要帶走的」，林小姐非常實在的分享她妹妹的情況讓我知悉，這對我銷售這間房子很有幫助。簽過委賣契約後，我便向林小姐要求上樓拍照該房子的內部屋況。

回到公司，把拍照的圖片上傳到公司的資料庫後，馬上請公司的祕書製作房子物件表，次日即在公司及相關公開房屋網站刊登銷售消息。

而當天我馬上連絡有需求此房型的客戶來看屋，這些客戶是我曾經帶他們看過其它社區或建案房子的客戶，只是當時的房子價格、格局、樓層或方位不符合他們需求，就把他們當時的需求一一記錄下來，等待有符合他們需求的房子出現時，便能馬上通知他們，並與他們約時間看屋。

我一通一通電話的撥打給符合需求的客戶，有想要看屋的卻不多，終於有對潘姓年輕夫婦想來了解屋況，因他們的購屋條件是，必須是頂樓、房價低於九百萬、有電梯、三房的房子。雖然這間房子開價超過一千萬，但開價不等於售價，總有議價的空間，所以我就邀請潘姓夫婦來看屋。潘姓夫婦看過之後很喜歡，惟與我談起銀行貸款條件後，潘姓夫婦就有點皺眉頭，我說買房子至少需自備三成的資金，其餘採銀行貸款。而向銀行貸款時需提供個人薪資證明、年薪扣繳憑單、銀行存摺影本等。此時潘姓夫婦聽了我的說明之後，就顯得格外沉默，沒多久緊接著告訴我說，讓他們回家考慮考慮過後再與我聯繫。

過了一星期之後，我撥了個電話給潘先生，請問他們夫婦的購買意願如何，潘先生很輕描淡寫的回覆我說，「我太太不喜歡」。很多客戶很喜歡用太太說的話來當擋箭牌，這是非常好的拒絕方式。

此事約莫過了一個星期，有天下午，我同事張小姐值班時來了一位來店客盧先生，這位盧先生曾經一年前來過店裡，向公司當時值班的同事詢問過淡水房地產相關事宜，盧先生一進到公司就被我公司眼尖的同事認了出來，並說盧先生當時態度很高傲，不苟言笑，我同事也帶過他看過房子，但後來就不了了之。

可是這回盧先生看起來很紳士，可能與接洽的女同事張小姐有關，或者是經過一年之後，盧先生個性改變了。但我認爲與我公司女同事張小姐有關，張小姐曾在保險業服務過二十五年，與客人接觸及應對均非常有經驗。此外，她的長相甜美，講話音調不疾不徐，又帶點磁性，介紹房產時會讓客人感覺既專業又有內涵。我想盧先生遇到我公司這位美女鐵定會被感動的。

眞的如我所言，我公司業務張小姐帶領盧先生看了椰林大道社區的這一間頂樓房子二次之後，很快就收斡旋金了。這是不是跟盧先生個人的Kimochi有關呢？我想是的。

盧先生說，因他怕吵，才剛把現在居住的房子出售，期望早點找到一間安靜、樓上不會聽到銅板掉下來咚咚的聲音和小孩跑步的腳步聲，以及鄰居沒有養寵物和沒有小孩子哭鬧聲的房子，所以尋找頂樓是他的首選。

很顯然這一間位居頂樓房子就是他心目中想要尋找的房子之一。不過，盧先生接著說，「我也是看張小姐的面子才想要購買這一間房子，她的服務非常親切」。有時候外表長得漂亮，又給客人一種信任感，客戶的Kimochi爽也會帶來成交。

然而盧先生要購買這一間房子在購買意願書上所寫的購買金額，我一看就知道，比屋主所願意出售的金額尚有些許差距，還差七十萬元，這一差距對我們公司來說應該很容易促成。

隔天我就將此好消息回報給屋主林小姐，林小姐聽到買方欲購買的價格，當然不會答應。一般有買賣過房子經驗的人總會認為仲介回報的購買價格一定留有空間，這一空間可能就是服務費。

但是我很清楚買方所要購買房子的價格是有做過功課的，盧先生過去曾經營過不動產公司，他對不動產市場行情與仲介公司的運作方式瞭若指掌。看盧先生一出價就知道是內行人出的購買價格，是事先有做功課的準買方，想要請盧先生再加價可能性應該不高。

我回報給公司業務張小姐說，「賣方林小姐認爲盧先生出的購買價格，她會虧錢，若再加上附送的家具和裝潢，她損失會更大，可否請盧先生再加價？」。此事經過一星期的協商之後，盧先生突然來電說，要到公司來找張小姐重談購買價格，說他願意再加價五萬元，但服務費要少給公司二萬元。我一聽這個訊息，只能笑笑地說一聲，好厲害的談價手腕呀！

我見此景況，「若加價就減服務費」的數字遊戲，實在很難談成，若此模式繼續發展下去，即使談成了，公司的服務費可能分文都沒了。爲了能成交這一間房子，便與屋主林小姐約好時間，帶著買方的購買意願書，搭捷運淡水線轉木柵線到台北市林小姐上班的公司與林小姐直接商議，希望林小姐能被我的用心所感動，也期許林小姐能把握此買方。我的理由是，「淡水的房子現階段在房價持續下跌情況下，要賣高價是不容易的，況且目前淡海新市鎮可選擇的房子太多了，難得有此買方看中您頂樓的房子已是非常的幸運了，一般人購買房子大多數不太敢買頂樓，怕頂樓將來會漏水，夏天又很熱。何不就此把舊資產處理掉，把此資金活用到別的地方，舉凡購買新資產、或者部分返還貸款、或者部分用在個人旅遊支出之上」。

林小姐與我相互交談了約三十分鐘，以及聽過我的建議之後，她的內心一方面想接受我的意見，另一方面又捨不得放手去同意買方提出的價格，大概有三次想要在買賣意願書上簽字，但又縮手回去，總是說，她還是要維持原價才要賣。我看得出來她真的很想把房子賣出去，希望我再努力請買方盧先生再加價，我也知道，我公司業務張小姐也很努力讓買方盧先生也加價了，但要讓這位有實戰經驗的盧先生加價到林小姐期望的價格是有點困難的。只好跟林小姐說，「我們會繼續努力，期望能達成您心目中的價格。」此時我起身向有基督教背景的林小姐互道平安，搭捷運回淡水了。

我從林小姐的姐姐口中知道林小姐有房貸的壓力，因她剛買一間台北市大安區的房子，若能把淡水的房子處理掉，的確日子會過得比較輕鬆愉快，據不完全的統計，二〇一七年台北市大安區中古屋房價一坪平均大約一百萬左右，而淡海新市鎮房價平均約二十萬左右，相差五倍多，顯見城鄉房價差距如此之大，若不是上班交通問題，居住在淡水的CP值實在比台北市高出許多。不過，一些所謂不動產專家看待淡海新市鎮的房子，總以量化的角度來衡量，若能以質性的眼光來觀察淡海新市鎮，這地方的確是一個宜居的好所在。因這兒有全新的交通基礎建設、新穎的電影院和Sopping Mall、有青山綠水交錯與沿公司田溪的腳踏車道、有可歌可泣的歷史古蹟，以及多所大學在此培育良才等等。

所以我一回淡水就與公司業務張小姐再次交換意見，讓張小姐知悉賣方林小姐情況，好讓張小姐與盧先生商議時，才知所應變。

與公司業務張小姐交換意見過後沒多久，張小姐來電通知我說，盧先生晚上七點要到公司來商談房價事宜，一聽到盧先生要來公司，我內心充滿著盼望，「這次盧先生一定會再加價，但不知道是否還會再砍我公司的服務費呢？」晚上七點一到，盧先生的車子已停放在公司門前畫有紅線的馬路邊，真是準時。盧先生與盧太太一進公司的大門就坐在小會議桌的椅子上說，「你們真笨呢？價格都談不成，Kimochi有夠不好，好啦，我再加十五萬讓你們去談，但不給你們公司服務費，我明天就要與我太太出國一個星期，若談不成，我就要去看其它仲介公司的房子，購買別間了」。

這下子我們的壓力更大了，我們投入心血努力賣房子，若沒有收到任何服務費，不就是做白工嗎？公司不也就成了慈善機構嗎？要不要乾脆就放棄這個客戶呢？可是公司業務張小姐沒這麼想，要我繼續與賣方林小姐保持聯繫、曉以大義。我建議「何不現在就直接打電話給屋主林小姐呢？就在電話中向林小姐回報，買方已加價到您要實收的價格，但我公司目前一點服務費都沒有，可否您少收十萬呢？就當作您給我公司的仲介服務費。」。這樣我與公司張小姐就在電話中來來回回與林小姐溝通了約莫三十分鐘，這一決定和作法仍未打動林小姐的心，她還是不同意。我們也覺得有點累了，當晚我們就決定把此溝通先就此打住了。

次日，公司的門尚未開啓，公司業務張小姐就已接到盧先生的電話說，他要退斡旋金，不買了，他現在已在公司門前等候我們。爲了這突如其來的事，九點之前，我們就急忙趕到公司了解此突發狀況。張小姐急忙的問，「盧先生怎麼了」，「我太太說，我們買太貴了，不想買，另也擔心你們一早就將購買意願書帶去給林小姐簽字，怕就來不及退斡了。還有你們老是要我們加價，也不請林小姐降價，老是站在屋主那方講話，心裡就覺得Kimochi有夠不好」。「盧先生，我們可都站在您這邊在跟屋主議價，原本屋主就要實收九百二十萬，現在已爲您議價到八百六十萬，請再給我們一個星期好嗎？」「對不起，不要了，談這麼久也談不成，你們一定是想要拉高服務費才談這麼久的，Kimochi有夠不好。人家○○房屋說八百五十萬就可成交，還含服務費呢！」，我們一聽到此番不被信任的話，一不作二不休，就直接退斡旋金給盧先生了。

當日即將此退斡消息寫在林小姐的Line上，並撥電話告訴林小姐此事，林小姐接到我的電話後，表現非常鎮定，「沒關係，謝謝你們的努力，若沒賣掉，合約到期，一定給你們公司簽專任約，絕不給別間仲介銷售。若○○房屋八百五十萬可幫我成交，就請盧先生先生直接去跟他們買好了」。

原以爲林小姐不care此事，沒想到當天晚上，在她寫許多分析此事的信息在我的Line上，並說些懊悔當晚沒有讓我們以八百五十萬成交，並答應給我們公司十萬元的服務費。我便安慰她說，事情已過了，也不需懊悔。再給我們公司一次機會，等待盧先生夫婦回國後，我們再詢問盧先生的意見，看看有沒有回心轉意的機會。

此事約莫過了兩星期之後，公司業務張小姐堅持不放棄此買賣案，再次撥了電話給盧先生，但有點失望，盧先生未接，她一共撥了三、四通電話，盧先生均未接。但張小姐並未放棄，內心還是存著希望，盼望盧先生回國之後會改變心意。

時間匆匆又過了一個星期，張小姐依舊未放棄，再一次撥了電話給盧先生，這次盧先生眞的接電話了，「盧先生，回國了，撥了幾次電話給您，您都未接」，「張小姐，對不起，在國外多待了一星期，今年運氣眞是不好，投資海外的房地產也不順遂，也賠了一些錢，Kimochi有夠不好」，「對了，您有沒有再次考慮那一間椰林社區的房子呢？」「很抱歉，我已經租房子了」，「什麼？您已經租房子了」，「我看你們價格談不下來，就自行先租屋了，因爲我原來的房子出售後，需馬上交屋給人家，我等不及，就先去租房子了」。

張小姐聽到盧先生已經租房子了，一般人應該會就此放棄，但張小姐知悉屋主林小姐有心把她的房子處理掉，又再一次的詢問盧先生有否意願再購買此房子呢？這回盧先生可說了一段令人不可思議的話，「這都要怪張小姐妳了，妳也不早點打電話給我，害我租了房子之後才打電話給我」，「盧先生，這可冤枉喔！我撥了好幾通電話給您，您都未接。若您眞的喜歡這一間房子，可否再給我們一次機會？我們再去跟屋主林小姐議價看看」，「好吧！好吧！八百二十萬若可成交，就約林小姐來談談」，這次出的購買價格更低了，我們爲了把握此機會，不論價格如何，我們還是請盧先生抽空到我公司一趟。

盧先生一到公司還是不停的抱怨，今年投資、賣房均很不順，都賠錢，連買房子也不順遂，Kimochi眞的有夠不好……。我們聽完他的抱怨之後，也安慰他一下，不會啦！買了椰林這一間房子，好運就來了。

準備與屋主見面談之前，我們請盧先生能不能再依原來八百五十萬的價格讓我們來跟林小姐議價，可是這次他很堅持，八百二十萬就是八百二十萬，並說八百五十萬的價格太貴了，我們只好以八百二十萬購買價格再一次的跟盧先生收斡旋金。

這一次的機會，我們不能再流失了，並決定採用見面談的策略，約定雙方來我公司見面商談，若談妥就馬上簽約。爲此事，我們公司也提前通知代書。因林小姐工作的關係，星期五晚上七點以後才有空，就與盧先生約定此時間見面商談。

來到當天下午，淡水還是下著雨，這次雨勢可不小，此雨已下了一個多星期了。爲了簽約的關係，林小姐提前幾個小時下班，我與林小姐約好下午五點到淡水捷運站接她；而盧先生那邊，爲了買這一間房子，想在晚上七點簽約之前能再看看屋況，雖然之前已看過了六次之多。當天晚上約六點左右，我公司店長傳來了三張照片，我一看怎麼是那一間房子的次臥室天花板有滲水痕跡的照片呢？這怎麼可能？之前看了好幾次屋況，都沒有此問題，況且今晚要簽約，這如何簽得成呢？

我即刻用Line將房子滲水的照片傳給林小姐過目，此時林小姐已在捷運淡水線的車上，林小姐打來電話說，怎麼可能呢？還問我，她還要不要過來見面談呢？還是這時候就回頭搭捷運回家呢？我說，還是過來吧！再醜的媳婦也要見公婆，再聽一聽盧先生的意見，若不購買，再做下一個決定吧！

我到淡水捷運站接林小姐到公司，這時盧先生夫婦已在我公司的會議桌上等待林小姐的到來，雙方見面寒暄了一下，盧先生又開始說，今年運氣有夠衰，連看到喜歡的房子也漏水；林小姐妳的房子有滲水，之前怎沒告知呢？此時林小姐清一清喉嚨後對著盧先生說話，「我的房子已買了七年多從未有滲水情況，即使下過大雨，之前也未發生此情況」。

我們看著盧先生的情況，好像並未放棄購買此間房子的意願，這時公司業務張小姐有技巧的將盧先生帶到另一處所，開始與盧先生商談房子價格之事，我也拿起不動產購買意願書給林小姐過目說，這是林先生要購買您的房子的金額八百二十萬。林小姐看過後說，願意從她原先堅持實收八百六十萬的價格降十萬，並且說八百五十萬才願意賣。我很誠懇的再次向林小姐說明，您的房子的屋況目前已有滲水跡象，此時有買方還願意購買，您真的需要把握，而盧先生是我公司張小姐再次追回來的客戶，不信，待會兒您去問問盧先生，他已租好房子，若他不喜歡您的房子，幹嘛還要再次下斡旋購買您的房子呢？「不然。我再降十萬，八百四十萬，我已經賠錢賣了」林小姐有點不情願地回覆我的請求。

我把此訊息傳達給業務張小姐，讓張小姐知道我這邊的情況，好讓張小姐能做出好的決策，也能夠更順利的與盧先生商談出好的購買價格。

其實，所謂的見面談，不是雙方見面一起討價還價，而是買賣雙方在房子價格的認定上已非常接近時，但仲介方一直談不下來，只好透過雙方的見面談之後，獲得彼此的信任，並在見面三分情的情況下，彼此能各讓一步，以達成雙方均可接受的價格。

約莫過了十分鐘，張小姐那邊傳給我一則好消息說，「盧先生願意加價十萬，以八百三十萬購買，但不再加價，若屋主林小姐不答應，盧先生就不購買了」，我把此信息轉達給屋主林小姐知悉，並很誠懇的告訴林小姐，「要把握」。可是林小姐還是「不答應」。「我若答應八百三十萬的價格，就不給你們公司服務費，因我已經賠錢了」，「林小姐，我們公司這麼努力幫您銷售房子，若不收取服務費，我們公司是會倒閉的，因我們公司每月要支出廣告費、水電費、房租，以及人事費用等營運成本。我知道您賣這間房子已虧本了，為了彌補您的損失，我們不收取政府規定的百分之四服務費，僅跟您收取百分之二服務費」，「能不能只收取百分之一服務費呢？我已經賠錢賣這一間房子了」這時候林小回覆我的對話。我認為此機會不可失，馬上答應林小姐的請求說，「好的，林小姐您願意以八百三十萬出售您椰林的房子，並給我公司百分之一的服務費，我馬上請代書和盧先生過來簽約」。

這件買賣成交案，就在代書來到我公司之後，原本以為爭論可以就此劃下句點。沒想到盧先生又說他的Kimochi有夠不好，因為代書要跟盧先生收取的代書服務費沒有給他一點點小折扣，盧先生又在簽約現場碎碎念，代書為了讓簽約能順利進行，只好折讓一千元。哇！此事終於塵埃落定了！簽好約，成交了！

知識補充站

※ Kimochi

爲一句日語，有心情和身體感覺很好的意思。這句話常常在生活當中被用到，簡單一句話形容就是舒服、暢快的意思。

※ CP值

CP值的意思就是性價比，即「性能與價格比較」，是用來權衡商品在客觀的可買性上所做的量化。坊間通用的性價比=性能÷價格（Performance÷Cost），反映了單位付出所購得的商品性能。性價比高，則物超所值，買家可考慮出手。在日本稱作成本效益比（cost-performance ratio），爲性能和價格的比例，俗稱CP值。

※ **公司田溪**

俗稱北投溪，因流經公司田而得名，過去又稱爲林仔溪，又被人們戲稱爲淡水母親河。公司田溪發源自大屯山，溪

長約十五公里，爲淡水區內第一大溪流，流經港仔坪注入台灣海峽。公司田溪兩岸在五千年前已經有人類活動的蹤跡，發現有大坌坑文化的繩紋陶和石器等，但隨著淡海新市鎭的開發，卻將這些研究的憑證都破壞殆盡。根據考據解釋當時公司田溪畔的林仔社有肥沃的耕地，爲當時地方的首府，盛產良米，更能提供給基隆的居民。公司田相傳爲荷蘭東印度公司爲供應淡水及雞籠守軍物資所開闢遺留的，也因爲屬於其開闢的田，也就將此溪命名爲公司田溪。也是中法戰爭古戰場所在地區。

✵見面談策略

所謂見面談，多半都是把買賣雙方隔在兩個分開的小房間，仲介就在這兩個小房間內互通買賣雙方議價信息，而傳遞議價的價格主要目的是保住仲介服務費，並能成交此間房子爲主要策略。因此，見面談的唯一優點，就是成交了能馬上簽約。

Date ____/____/____

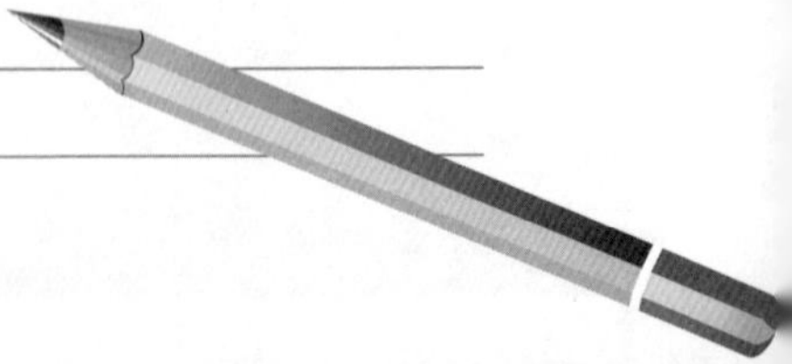

12 同學合夥買套房投資，創造被動收入

合夥來投資
購置大學生套房
被動收入豐

我教會的朋友馮姐妹有一天碰到我太太說，她先生黃老師年紀已七十多歲了，在淡江大學附近原有自己一整棟房子（一至五樓，六樓是加蓋的房子）隔成四十八間雅房出租給淡大的學生，這整棟房子的隔壁棟四至六樓亦隔成二十四間雅房出租，因現在的學生品味改變，喜歡租套房，較不喜歡租雅房，兼因黃老師年紀已大，已不想再經營雅房出租工作，也沒有體力再花時間重新把房子裝修和更新，希望把所有雅房全部出售，這樣自己也比較寬心。

由於馮姐妹對仲介買賣業務不熟，又有點不太信任仲介公司，所以房子一直

空在那邊，至少放著在那長灰塵也已有四年多。有一天，我太太在路上偶遇馮姊妹，便向馮姊妹自我推薦說，「我先生目前也在從事不動產工作，要不要房子就委託給我先生來爲您們銷售呢？」

馮姐妹聽到我在從事不動產工作，認爲在教會裡的兄弟姊妹做事比較誠實可靠，較不會欺騙人，就把房子委託給我銷售，並與我簽定專任委賣契約。專任約的好處是，別家仲介不能賣此間房子，若有客戶想購買此房子，必須來我公司流通此案件來銷售；但與屋主簽定專任委賣契約也會帶來一些壓力，若房子一直無法銷售出去，是會很對不起賣方的。

因此，我剛接到黃老師和馮姐妹的專任委託買賣契約時，心裡的確戰戰兢兢，主要原因是我剛進入仲介這行就接到這麼大金額的案子，而且是熟人所委託。惟單單從黃老師與馮姐妹在一九八三年能在淡江大學附近利用自己購買的建地，來蓋五層樓公寓的房子（六樓加蓋），再將六層樓房子依據建築師的設計圖隔成雅房出租給學生這件事看來，就知道他們夫婦實在很會理財，也很有投資眼光。而我也知道如何將這九間房子七十套雅房整批售出，對我這位房仲菜鳥來說，真是一大艱巨挑戰。

挑戰說到就到，專任約三個月期限很快就到，房子也沒賣出去，想要再去跟屋主黃老師談續約的事，說實在的，還眞的很不好意思，仍得鼓起勇氣去見屋主。爲了業績就顧不了面子問題了，先撥個電話看屋主黃老師在不在家，電話撥通了，內心反而非常忐忑地等著電話筒那邊的聲音。屋主眞的有在家，「喂！你是誰」，「我是鍾媽媽不動產的謝先生」，就先表明請求見面談續約之意，沒想到到了黃老師居住的社區，一見面沒有多談房子未銷售出去之事，只談到要續約之事，這時屋主太太馮姐妹馬上對我說，「你眞的很『夯屘』（ㄏㄤ ㄇㄢˇ），房子給你賣三個月，賣也賣不出去」，當下我眞的不知道如何回答她的問候語，要生氣嗎？要氣餒？要狡辯？還是笑一笑不理會她呢？後來我還是選擇了笑一笑，面子先擺一邊，內心深處告訴我，能夠再讓我續一次專任約才是重點。從事不動產這項服務業就得要先學會能屈能伸，臉皮要厚一點。

經過了十幾分鐘的誠懇交談之後，眞的很感謝上帝，屋主眞的讓我續約了，這一次的續約，讓我學會更懂得主動行銷，除了請公司主動在591購屋網，及公司網站打廣告外，自己也在購屋網設立了自己的免費網站，替房子做行銷廣告。黃老師給公司委賣的房子被PO上網之後，約莫經過一個星期，就接到許多詢問電話，有些問價格、有些問能不能不要整棟買，僅買其中的一層、有些則說房子屋齡太久了，還須花大筆錢整修等等，都沒有人願意出價購買。日子就這樣又過了一個月，突然間我接了一通別家仲介公司打來的電話，「謝先生，我這裡有客戶想購買這整棟的房子，能不能向你們公司借物件呢？合作條件是，服務費五／五分，想馬上到貴公司了解一下房子屋況，及看一下房子物件表」，我回答說，「當然可以」。在此情況之下，眞能感受到與屋主簽委賣「專任契約」的優點與好處之所在。

爲了方便敘述這個故事，我把這一間要來向我公司借物件、談合作案的不動產仲介公司暫且以「A仲介公司」稱呼。A仲介公司的業務許小姐掛了電話，沒多久就來公司找我，並遞送該公司的房屋物件流通單，表明他們公司目前有買方要共同合資購買這棟黃老師要出售的學生宿舍（雅房），並請我提供這棟房子的資料供其參考，包括房子售價、建物和土地謄本，以及鑰匙等。我很好奇的問許小姐，爲什麼也要借走一把鑰匙呢？許小姐說，因爲要請設計師和裝潢師傅丈量屋內空間，以便於規劃及設計每間套房的屋內空間。

我依據A仲介公司許小姐的需求，把這些房子的資料提供給她參考後的一個星期，A仲介公司的網站就已顯示這棟房子的所有圖片和資訊，並簡介這棟一至六樓雅房學舍要出售的精要說明。按規定，仲介公司之間的流通物件A仲介公司是不可以在自己的公司網站上從事行銷工作。而A仲介公司在自己公司網站行銷我公司的物件這件事，我並沒有注意到，是由我公司的店長發現後才告訴我的。後來經由我向A仲介公司的許小姐暗示此事的不合法性後，許小姐才從他們公司的網站下架了這件物件的廣告內容。

這個流通物件約莫過了一個多月，A仲介公司也沒有回報任何有關該物件消息給我，但我自己公司的同仁和我自己卻帶領不少客戶看過此棟公寓，同樣也沒有獲得進一步的好消息。然而就在買方市場觀望的時刻，某一個午後，突然間接到許小姐的來電，問我在不在公司，她要拿斡旋單，及一張五十萬的支票給我簽字。這眞是一個天大的好消息，內心暗自歡喜，這是上帝的安排嗎？對我剛入房屋仲介，能做到這一筆大生意，是一個很大的鼓勵，這件事也會增進我從事不動產的自信心。

我與許小姐約在公司碰面，一見面，看了許小姐給我的斡旋支票金額，我眞的不敢相信，怎會如此奇妙呢？與許小姐做了簡短的意見交換之後，我告訴許小姐說，「您收的斡旋金額離屋主想要的實收價格尚有一小段距離，爲了能儘早促成此物件的成交，我會盡力分析中古房屋市場與淡水房價現況，讓屋主黃老師充分了解，俾便說服黃老師降價」，我也順便告知許小姐，給我一個星期的時間來與屋主黃老師議價。

我知道與黃老師議價，不能和一般賣方議價的方式一樣，因黃老師是淡江大學退休的數學老師，要讓他願意降價出售，一點也不容易，必須有一套學理或是合理（邏輯）的經濟環境分析，讓他可以接受。因此，我在與黃老師議價的過程中，總計寫了十幾封不動產分析的信給他。另一方面，我也與許小姐不斷的交換意見，讓買方他們也願意加價，這樣一來（加價）一往（降價），才能取得雙方願意買賣的成交價格。

在與黃老師議價的過程當中，黃師母一直是個變數，她的意見最多，講話最不客氣，也最不願意降價，也是很會用心理戰的人，一會兒說，「是兒子和女兒認爲賣得太便宜了，不能降價」；一會兒說，「賣不出去也沒關係，反正房子就給兒子住」。其實我聽了黃師母的話，我是愈聽愈高興的，那麼多間房子，兒子一個人怎能住得完呢？一定非賣不可。另外賣年久失修的老房子，還會聽兒女的意見嗎？只要有人買，價格不偏頗，也不離市場價格太遠，我想一定要賣的。我也知道黃師母這邊不容易溝通，只能從黃老師這邊溝通才能有機會降價，這時我寫給黃老師的十幾封溝通的房產分析信，就發揮效果了。黃老師學數理的，內心有他自己的一把尺，經過這段期間我與黃老師的簡信往來，終於獲得成果，讓黃老師說服黃師母願意從原先的四千多萬降價至三千多萬，並且告訴我，「他們願意實收的房子價格數目爲〇〇〇〇萬，至於服務費方面，就由我自己來努力爭取吧！」。

「可是買方A仲介公司許小姐這邊收斡的價格仍未達三千萬，買方這邊我仍須努力拉價才能達到屋主所期望的價格，以及自己努力要爭取的服務費」。

我自己知悉，賣方黃老師這邊的實收價格我雖已底定，可是買方這邊眞正要買的價格我並不知道，我也知道絕不是A仲介公司目前所收的斡旋金額，這是A仲介公司的談判策略之一。因爲買方總是希望買到的房子價格愈低愈好，一定會先給一個低價，試探一下水溫，視情況再加價。我也一樣再給A仲介公司許小姐一個黃老師願意降價的價格，試探這個銷售價格，買方是否可以接受，並彈性的調整售價。然而很幸運的是，在我幾次的與A仲介公司許小姐溝通和交換意見之後，他們終於願意再加價，此時的購買價格已達到屋主所要的價格，而且我的服務費也包括在內了。

我不敢馬上跟黃老師說，您要的實收價格我已談到了，而且我的服務費也爭取到了。大約過了一星期之後，我才拿著斡旋單讓黃老師簽名，才完全成就了此一買賣案件。

到了成交、雙方約定要簽約的當天，我才知道A仲介公司的許小姐也是買方之一，他們三個人集資買了黃老師整棟房子，做爲創造被動收入（謹按：收取權利金收入）的來源。由於整棟房子都是老舊的雅房設施，他們爲了因應時代的改變與學生對房舍品質要求的提高，就請了設計師按照原有舊式雅房的設計圖隔間方式修改成四十六間有衛浴設備、電視、冰箱的套房，也依據建築法規的規定，在整棟樓房的室內增建了一台電梯，方便租賃的學生搬家，以及進出各樓層。另買方看見未來租賃業務的願景，也成立一家不動產租賃公司，服務學生相關租屋業務的需求，並請專人就近管理，按月收取租金，及負責整棟房子的維護與修繕工作。這種創業方式與營運模式是值得有心人士參考的。

綜觀買方許小姐他們的投資理財方式，我個人極表讚賞。我認爲他們這種理財方式頗有獨到眼光與卓見，不僅能每月爲自己創造被動收入（收取權利金收入），也已爲自己未來的退休生活提前做好規劃。所謂創造被動收入，就是在家裡頭不用工作，會有一個系統按月創造財富，自動將現金匯入你的戶頭，舉凡租金收入、基金、利息收入、月退金、版稅等，或是創造一個醫療系統、當公司老闆、經營便利商店、電子商務，或是開發一個App程式放到手機上等，均稱爲被動收入。但當你要創造被動收入之前，畢竟要先有自己的主動收入（幫別人賺錢的薪資收入），因此被動收入雖可以幫你輕鬆賺到財富，惟需在創造被動收入之前，仍須努力爲自己先存一筆來自主動收入的財富，才能有此機會爲自己創造被動收入。許小姐他們三位合作夥伴能合夥購買黃老師的這棟房子，而一起創造自己的被動收入，不也是先靠主動收入爲自己存了一筆資金嗎？

知識補充站

❋房屋物件流通單

A仲介公司有客户想購買的房子，但沒有此間房子的物件，須向B仲介公司借物件來銷售。A仲介公司向B仲介公司借物件時，須先連絡B仲介公司（開發店）的業務，並經B仲介公司的業務及店長同意後，A仲介公司須於物件流通單中簽名，始得出借物件資料。以「物件不踩線、業務不破壞、人員不挖角」爲基本準則。

❋被動收入

就是本人不在公司上班或工作，自動會有一個系統或投資本體按月將創造之財富、將現金匯入自己的户頭，舉凡租金收入、基金、利息收入、月退金、版稅等，或是創造一個醫療系統、當公司老闆、經營便利商店、電子商務，或是開發一個App程式放到手機上等，均稱爲創造被動收入來源。

13 客戶買房，不寫不動產買賣意願書

回國定居買房
要求遵照歐洲法規
忘記入境隨俗

為了拓展和開發房屋的銷售來源，我透過關係，主動與建設公司的房屋銷售部門的陳總經理聯繫和接洽，希望他們公司能釋出餘屋讓我來為他們銷售。由於我自己很喜歡這家建設公司的建築外觀與庭園景觀設計，所以也買了這家建設公司幾間不同期建案的房子，因此，對這家建設公司所蓋的社區房子的品質、公共設施、房子售價等情況非常了解，也常常推薦親朋好友來購買這家建設公司的房子，若說我自己也是這家建設公司的另類代言人，其實也不為過。

有一天我打了個電話給這間建設公司銷售部門的陳總，在電話中有著幾分鐘

的交談過後，陳總知悉我是他們建設公司的客戶，非常高興，就耐心的聽了「我想以仲介公司的名義銷售他們建設公司的餘屋」的構想與建議，陳總聽過我的構想和建議之後，表示贊同，即刻請他們公司的銷售專案經理與我見面商討合作事宜，並釋出三間一百坪左右的裝潢屋，委託我公司爲其銷售。

我眞的非常榮幸能接到這家建設公司的委賣契約，也讓我能夠開發到售屋上游來源，使我的銷售觸角（網絡）能伸展到建設公司。不過，建設公司因考量自己的銷售部門的業績，給我們公司的委賣價格沒有比代銷價格便宜，在我看來，這三間裝潢房屋的單價與總價，就當時的房市景況來評價都太高了，若在經濟景氣不佳情況之下，說眞的，要賣到建設公司給的委賣價格實在不容易。另外，若我是買方，知道這房子背後的主人是建商，爲了節省仲介服務費，鐵定會向建設公司購買的，哪有人會傻到向仲介公司購買呢？

但我心裡想著，「不入虎穴，焉得虎子呢？不去嘗試銷售這幾間房子，怎知建商眞正會賣的底價是多少呢？幫建商賣房子，雖是幫了建商的忙，但說不定也會幫到自己呢？何況這些餘屋，建商賣一間就賺一間，只要幫他們賣到一定合理的價格，建商一定不會太爲難你的」。

回到公司後就與公司的店長和祕書商討，「高總價的房子要銷售，要如何做市場區隔呢？如何尋找目標需求的客戶呢？要買一間價值近三千萬、又有高爾夫球場景致的房子，這樣的客戶群在哪裡呢？」這些人不是旅居海外，就是公司老闆，或是口袋深的投資客與退休人員，才有此需求。我自己如此的分析著。

我接到這三間高總價的委賣房子，首先就請祕書爲這三間房子製作房產調查資料，並將我拍照的房子照片與房調資料上傳至公司網站後，便開始做行銷廣告、尋找合適的需求者。這三間高總價房子，公司一登廣告沒多久之後，我與公司同仁至少帶了六組以上的客戶看過這三間房子，顯然廣告有打到以及找到這一群需求者，但這些客戶群，竟沒有一組客戶喜歡這三間高總價的房子，不是嫌樓層不夠高、就是嫌房子價格太貴，或是房子風水不佳等等理由給拒絕了。

有一天，我們公司大老闆鍾媽媽告訴我，她有一位賣衣服的朋友王太太，說她的女兒準備從英國回台灣定居，正在幫她的女兒尋找大坪數的房子。鍾媽媽知道公司剛好有這三間大坪數的裝潢屋，均很適合王太太的女兒作爲回國定居的處所。鍾媽媽知道王太太女兒的需求，就與王太太約好看屋時間，因我對台北灣社區非常的熟悉，又是開發這三間房子的業務，於是鍾媽媽就請我開車載她們一起到台北灣社區看這三間大坪數、高總價的裝潢屋。

要帶王太太和鍾媽媽看屋之前，我已先向建設公司借妥開門鑰匙。當車子駛進台北灣社區的地下停車場時，王太太看到有許多車子停在位置上，表示有許多住戶居住在這個社區，便開始對台北灣社區有了初步的信心，接著我引導她們從地下停車場搭轉乘梯到社區一樓，社區一樓有七千多坪的小公園，走在裡頭非常涼爽不嫌熱，因樹木扶疏，又給王太太留下很好的印象。於是我帶她們來到這一間九十八坪的房子，也是要看屋的第一間，當我打開第一間房子的房門，王太太一看到房子內部的裝潢、空間和格局，以及屋外高爾夫球場的草皮、觀音山的景觀，馬上一聲「WOW!」，聽到這一聲「WOW!」就感覺到這類型的房子已符合王太太住在英國女兒的需求。王太太一直說，她女兒在英國的房子有多大，房間有好幾間，庭院有大草皮，像是個小農場。而台北灣社區的環境，就有七千多坪的綠地，以及一公里的步道環繞整個社區。據說住在社區內有三百多戶是旅居海外的台灣人來購買的，因他們看到台北灣社區的景致與庭園設計，沒有不被感動、吸引的。這時王太太便拿起智慧型手機裡頭的照相功能，不停的在屋內和屋外拍照，就是要把好照片傳給在英國的女兒看。

王太太說，「我是很喜歡這一間房子，不過還需我女兒看過這房子後有喜歡才算數」。我回答說，「當然。另外還有兩間可一起看，可從中挑選符合您女兒裝潢型態的房子」。

我總計花了一個半小時帶鍾媽媽和王太太看過這三間大坪數、高總價的房子後，王太太說，「我女兒的預算只有兩千五百萬購屋款，這三間房子開價都是三千萬以上，已超過我女兒的購屋款」，王太太的回話，我已聽進去了，這是我去跟建設公司議價的時刻。

王太太看過房子之後，我便開車載她回家，回到公司後，就用簡訊回報給建設公司的陳總（按：當時陳總沒有使用Line的習慣），將上述王太太看屋情況精要向陳總說明。衆所周知，從事不動產業務的人，回報客戶看屋情況給屋主，這是爲將來議價鋪路的方式之一，若屋主常看到或聽到你努力帶客戶看他房子，也常回報市場情況給屋主了解，這是會讓屋主感動的。曾經就有一間台北灣社區的二房含車位的房子，我帶了至少十八次以上的客戶看過這一間房子，而且每一次客戶看過房子之後，我必將客戶的意見與觀感回報給屋主知悉，這樣經過了約十個多月，就在有一次，有位客戶看屋後出了一個低於市場價格的金額說，「這個價格若你能夠談成，我就購買」。我還是回報給屋主並說明情況，沒想到屋主竟同意這個出乎意料的價格，同意出售。事後我請問屋主，這麼低的價格爲何您願意出售呢？屋主說，「因爲被你的努力所感動，所以這一次一有人出價，我就賣了」（按：不過，這一間房子，之前有客戶出更高的價格要購買，當時屋主均未同意出售）。

王太太回家後，約莫二個星期再也沒有聽到她要買房的進一步消息，就請鍾媽媽撥個電話給王太太了解情況，王太太說，「她女兒還有六個月才會回國，要等她女兒回國後才能再來看屋，才會做決定」。要等六個月眞的很長，說不定房子早被代銷公司賣出去了。看情況，這件購屋案也只能順其自然了。

我就暫時擱置此案件，不去想等待的日子，因日子總是會飛快過去。就在那年的光輝十月，突然間接到鍾媽媽的來電說，「謝先生，你下午有空嗎？王太太的女兒剛從英國回來，下午二點要一起來看台北灣大坪數的房子，那三間大坪數的房子賣出去了嗎？」「還沒有」，我回答道，「下午二點我開車載您一起過去接她們」。到了下午不到一點五十分，我與鍾媽媽已來到王太太的家門口等她們，我先把車子慢慢駛向路邊停好，準備載王太太和她女兒一起到台北灣社區看房子。

很準時，不愧是從英國回來的，二點一到就看見她們從該社區的門口走出來，這時多了一位一起來看屋的英俊男士，是王太太的兒子，他目前在銀行上班。

到了台北灣社區，我先把社區的四周環境、淡海新市鎮未來發展願景介紹給王小姐知悉，讓久未回國的王小姐更認識淡水地區環境。之後，便引領他們一起看屋，並依規劃的看屋路線和樓層，介紹這三間裝潢屋的優缺點和概況供他們參考。我也知道每個人對房屋裝潢的評價有所不同，你自己所認為的優點，別人有可能並不認同。當王小姐仔細的看過這三間大坪數、高總價的房子之後，我從王小姐的眼神中已感覺出她心裡已有所屬意哪一間是她特別喜歡的房子，只是她暫時不說而已，只因為她還要再多看其它社區的房子，貨比三家做好比較後，才決定出價要購買哪一個社區的哪一間房子。

然而在看屋的過程中，王小姐的弟弟一直在跟王小姐推銷桃園南崁中悅社區的房子，說南崁交通比淡水方便、離桃園機場近，出國方便，及附近商家多，購物方便等優勢，不停地遊說姐姐購買南崁的房子。

當你在賣房子且正在帶客戶看屋時，若遇到有人從中作梗，其實也不用緊張與生氣，必須心平氣和的分析兩區域房市的優缺點供客戶參考，惟很慶幸的是，王小姐很有自己的主見，不受其它意見所左右，反而請她的弟弟把屋內各項飾品、餐桌椅、沙發、床組、燈具拍照存證，因我有特別說明，若購買這一間房子，屋內所有東西和物品，屋主全部贈送。當王小姐的弟弟拍完照後，我更確信這一間台北灣的房子已是王小姐看中意的房子之一。

王太太全家看過房子之後，大約有一個多月完全沒有王小姐進一步購屋的消息，我也再次請鍾媽媽撥電話給王太太，王太太也頂多說，我女兒還在考慮。其實，王小姐這段消失的時間，一直不斷的透過其它仲介公司在看屋，及尋找更適合她居住的房子和房價。面對這種情況，從事仲介工作者，除需保持一顆平常心之外，亦需時常與買方保持聯繫，以及向賣方回報客戶看屋情況，並適時予以議價。這樣做係要讓客戶感覺我對他的需求的重視，也讓賣方感受到我很認眞、很努力的在銷售他的房子，讓屋主覺得很受尊重。因此，遇到準買方、好的客戶，未下決定買屋之前，若有遇到買方遲疑狀況時，絕不能灰心，以及立刻放棄，因你的用心與努力，有時候是會感動到買方。

鍾媽媽也很關心王太太女兒買房子這一件事，因買方是鍾媽媽的客戶，只因我比較熟悉台北灣社區，以及跟王小姐比較談得來，所以鍾媽媽幾乎授權我來商談此事。然在仲介業競爭激烈情況之下，爲能掌握先機，一方面請鍾媽媽撥電話給王小姐的媽媽關心此事之外，一方面我也不斷的與建設公司的陳總議價。經過這段看屋時間的一邊回報與一邊和屋主議價過程中，我已從房子原價格的三千二百八十萬議價至兩千九百八十萬，再到兩千七百八十萬，這一議價過程總計花了我半年時間才議到此價格，就等王小姐一決定要購買台北灣這一間房子時，我必定會馬上過去向王小姐收斡旋金，並同時向建設公司陳總報告買方欲購買之價格，及即刻與陳總議價。

王小姐買台北灣大坪數房子這一件事，我與鍾媽媽的努力的確發生效用，在王小姐看屋過後沒多久，有一天早上就接到鍾媽媽的來電說，「謝先生，王太太來電告知，王小姐想要再看台北灣社區的房子一次，下午三點再麻煩謝先生你再開車一起過去載她們到台北灣社區看屋」。「鍾媽媽，好的」，我再次開車來到王太太居住的社區接她們。這次來看屋，王小姐的弟弟沒來，是王小姐的父親跟母親一起來陪同。我依序引領他們看過這三間大坪數的房屋後，王小姐決定購買其中的一間，可是王小姐的媽媽不是很喜歡王小姐目前所選擇的這一間，在母女相互溝通之後，最後還是以王小姐所選擇的這一間爲主，因王太太所選擇的那一間房子的裝潢木頭顏色較深、較老氣，王小姐不喜歡。

這時王小姐過來跟我說，「謝先生，這間房子兩千七百八十萬太貴了，我的預算有限，僅能支付兩千五百萬，麻煩謝先生你用此價格去幫我談」，「不過，王小姐您要我用兩千五百萬價格去與屋主議價，是否能向您收取斡旋金，方便我去議價呢？」，王小姐這時竟然跟我說，「誰規定買房一定要收斡旋金的呢？我也不寫買賣要約書，我們在英國買賣房子是沒這規定的，況且我的代書也跟我說，買賣房子不一定要支付斡旋金，及寫要約書」，面對此要求，要我去跟建設公司的陳總議價，眞的有點難度，要拿什麼證明說有這麼一位客戶要購買屋主（建設公司）的房子呢？我內心也暗自想著，這裡是台灣不是英國，買房不是要遵照台灣的法規制度執行嗎？

爲了這一問題，我特別請教一位莊律師，「王小姐買房不給斡旋金或寫要約書之事是否合法呢？」莊律師竟回答說，「王小姐的作法沒有違法，中華民國的法律沒有規定買房要先收斡旋金，那是不動產公會自行規定的事」，聽了莊律師的解說後，我心裡已有譜，且對王小姐的作法已有新的認知，無須再多說些什麼，只好將實情向賣方建設公司的陳總作進一步的解說。

當天下午便撥了電話向陳總回報說，「貴公司台北灣幾號幾樓那間大坪數房子，我這裡的買方已出價兩千五百萬要購買，可是買方王小姐不給斡旋金，及不寫要約書，因她在英國買房子，英國的仲介是沒有在收斡旋金，及寫要約書這件事，就是一句口頭要買多少金額，若陳總您願意以兩千五百萬賣給王小姐，王小姐說，明天馬上簽約，而且代書王小姐這邊她要自己找，不要用貴公司的代書，並且買賣過程要做銀行履約保證」，陳總聽完我的話之後馬上回答說，「兩千五百萬金額太少，我要實收兩千七百萬，服務費謝先生你自己努力去爭取，還有代書要用我們公司的，我們公司也不做銀行履約保證，這太麻煩了」。

我聽了雙方的回話，感覺各有各的利益考量與疑惑，王小姐剛從英國回台灣，對台灣的不動產法令與制度生疏，害怕被受騙，所以自己請了一位自認爲可靠的代書來幫她把關，而陳總則堅持要用他們建設公司長期配合的代書，且交易過程不做履約保證，我想建設公司要如此行，當中應有其節稅考量在裡頭。

這些事情雙方若各自堅持己見，一定無法成交，必須一一來釐清雙方較關心的事與差異之處，首先王小姐的購買金額與建設公司要實收的金額尚有二百萬差距，如何讓買方加價、或者建設公司再降價呢？二是，買方買房不給斡旋金的文化差異能否讓建設公司接受？三是，爲了財產交易安全，做銀行履約保證讓買方安心，要如何說服建設公司做銀行履約保證呢？四是，買方要請自己信任的代書負責簽約，而建設公司則堅持要使用自己公司的御用代書，這兩者間要請哪一方退讓呢？以上這些問題若無法讓買賣雙方取得共識，這筆不動產交易就無法完成。

一般人認爲從事不動產仲介工作，很簡單，不就是把買賣雙方找來，談談就成了嗎？服務費幹嘛要收得很多呢？包個紅包答謝一下不就可以了嗎？這種想法就是仍停留在過去的「中人」時代，俗稱「牽猴」，這些中人大都沒有受過專業訓練，做事較欠缺專業與知識，無法提供房子調查資料給賣方，不動產交易的流程亦較不嚴謹，萬一遇到買賣雙方有一方與代書之間有不法勾搭，或貸款出現問題時，較無法提供解決機制。因此，對買賣雙方財產交易安全缺乏保障。若論及售後服務方面，中人只是個體戶，不是公司行號，萬一房子過戶後遇到房子本身有結構上問題，或者節稅問題，均無法提供寶貴意見。所以買賣房子找仲介公司服務是較正確的選擇。

爲了解決這四項問題，我一直用電話及傳簡訊與雙方溝通，因建設公司陳總沒有使用Line通訊軟體，而王小姐剛從英國回來，還未辦理手機，都需透過王小姐母親的手機聯繫及對話。由於買賣雙方都沒有使用Line免費通訊軟體，在有智慧型手機的年代，使用手機通話溝通，眞的花掉我許多電話費用，一點也沒有享受到使用免費通訊軟體的好處。

在與雙方溝通的過程當中，我在沒有買方斡旋金與要約書作爲談判籌碼的情況之下，眞的很感謝建設公司陳總的信任，願意相信我所說的每一句話，使我在議價過程中能順利有效的傳達買賣雙方的意見，惟爲尊重雙方的意見，並取得雙方的信任，公司同意雙方各請自己的代書一起辦理此購屋案件；而建設公司的陳總經理爲了能讓買方王小姐放心，也同意辦理銀行履約保證，但附帶條件是，建設公司這一方要支付的履保費用，需由我公司自行吸收。然而由公司吸收建設公司這一方的履保費用，算是小事一樁，但建設公司不再降價才是大事一樁，因這差價二百萬如何談成，才是重中之重的大事。

爲了成就此買賣案，我再一次的用手機傳簡訊與買賣雙方溝通，把市場行情、經濟情勢、社區的優勢，以及未來新市鎮發展願景，用買賣雙方各自所需資訊的方式與他們溝通。最後在王小姐願意加價五十萬購屋款的情形之下，我再次向建設公司陳總解說王小姐的購屋意願，以及表示王小姐是位鋼琴演奏家，若能住在台北灣社區，必定能增加台北灣的品質與知名度。我知道王小姐加價後，離建設公司陳總的目標尚差一百五十萬，若要請王小再加價一百五十萬，那是天方夜譚的事，這時王小姐跟我說，「謝先生，我只能出價兩千五百五十萬買這一間台北灣的房子，我不願意再加價了，若能談成，我會給你公司百分之二服務費，說話算話，若談不成，就算了，我會再找其它社區的案子」，我聽了王小姐來電所說的話，我心裡已有譜了，就直接傳簡訊與建設公司陳總議價，在簡訊中我特別強調一點，請陳總能讓我以兩千五百五十萬成交此間台北灣大坪數的裝潢屋，至於建設公司要給本公司的服務費，就一毛也不收。

建設公司的陳總經理在接到我的簡訊之後，來電說，「你讓我回去跟公司的董事長報告此情況之後，再回覆給你」。此事經過建設公司一天的思考之後，陳總來電告知，同意王小姐的購屋金額。然而陳總感受到我的努力，雖沒支付我公司服務費，但仍向其公司董事長爭取到十萬元的獎金給我公司。

其實從事不動產仲介工作，要成交一間房子，沒有外界想像中的簡單，需要充滿耐心、等待、守候、豐富的全方位知識，以及客戶的信任，才能成就美事。此間大坪數的房子能夠順利售出，真的要感謝上帝。

知識補充站

代銷公司

代銷公司賣預售屋，房屋仲介公司賣中古屋。代銷公司要做的事情很多，從宏觀的協助建商評估一塊土地的規劃及了解區域市場的脈動變化，到微觀的搭設接待中心、設計樣品屋，廣告設置以及雇用銷售人員，都是代銷公司的事情。代銷公司和建設公司簽立的合約又可以分爲三種，包銷、包櫃，及純企劃。所謂的包銷，就是在銷售時的所有支出，包括接待中心、樣品屋、銷售人員薪資成本，全由代銷公司來負擔；包櫃指的是代銷公司只負責出銷售、跑單、人員的薪水，其它由建設公司負責。純企劃指的是代銷公司只負責規劃及提供人員，其餘成本由建設公司負責。

✵市場區隔

就是利用各種變數做爲切割的依據，例如：年齡、性別、收入、職業、資產等變數來做市場區隔，將你的潛在市場切成許多小塊；然後挑一塊你認爲勝算最大的，集中火力去攻擊。

✵履約保證

簡單來說，就是當買賣雙方簽完房屋買賣契約之後，找一個第三方公正人（不屬於買方、賣方、房仲、地政士之中任何一方），負責用一個專門的帳户，保管買方陸續支付的買賣房屋款項，並且負責支付相關手續、稅捐等費用。等到確認兩邊付錢和房屋過户動作全部完成了，再把剩餘款項及利息全數移交撥款給賣方（原屋主）。一般而言，大部分的仲介公司提供的價金履約保證都是和建設經理公司合作辦理，並由建設經理公司出具保證書，開辦費用約爲買賣成交總價的萬分之六，若以一筆一千萬元交易來算，開辦費用就要六千元。

14 買方認爲房價下跌，欲毀約買房

自住客買房
實價登錄破行情
房仲收入減

——二〇一四年台灣房地產市場景氣逐漸走下坡，許多投資客已感覺不妙——

有一天我在電梯裡遇到住在同一棟樓的鄰居簡董事長，簡董主動與我聊起房地產市場情況，我便順勢提起勇氣自我介紹說，我正從事不動產工作，並把我的名片主動的遞給簡董，「喔！謝先生，你目前在從事不動產，我有一間台北灣第三期江南頤合的預售屋想轉讓，你要不要幫我們賣賣看」，「簡董，據我所知，江南房子預售案，因建設公司不希望房價被亂哄抬價格，沒到交屋前一個月，是不能轉讓的。不過，我可幫您們賣賣看，說不定有機會賣出」。我很清楚，預售屋在房市不佳情況之下，要轉讓給另一個人來接手，並從中賺取差價是不容易的，但爲了業績以及拓展人脈，我還是接了下來賣賣看。

我與簡先生約好到他家簽房子委賣契約，一進簡董家門，看見他們家的裝潢的確很有風格，有點鄉村風又帶點浪漫味道。這時看見簡董太太裝了一壺茶從廚房走出來，微笑的看著我說，謝先生我們到大陽台聊天並順便簽委售契約。在台北灣社區七十七坪以上大坪數的房子，都有設計一個五坪大的大陽台，陽台內裝設有一個戶外按摩浴缸、花台，以及擺設休閒桌椅的地方，非常適合全家在此聊天，欣賞淡水高爾夫球場與觀音山美景。

我走出簡先生家的客廳來到這個大陽台，外面的風景實在漂亮，就像是一幅山水畫在眼前一樣，是渾然天成的。簡董的太太很好客，從廚房泡了一壺茶來招待我這位客人，我雙手接下她遞來的茶杯，就坐在這大陽台的椅子上與簡董和簡夫人聊起天來，在聊天交談的過程當中，才知道他們來自大陸南京，南京是當時國民黨抗日時期中華民國首都的所在地，因簡董的父親在國共內戰時代，服務於國民黨軍隊，由於國共內戰國民黨軍隊打輸了，也失去大陸江山，為求一條生機，國民黨軍隊只能撤離大陸轉進台灣，再做反攻大陸的準備，但簡董父親在這一場國共內戰中被共軍俘虜了，無法跟國民黨的軍隊來到台灣，只好留在大陸娶妻生子。

我與簡董閒話家常之中，簡董簽了房子委賣契約給我。其實，許多事的成就，往往是在閒談之中完成的。我拿了委賣契約回到公司後，便開始製作房子物件表，並請祕書將相關資料輸入電腦，預備開始各樣行銷與廣告。惟因這間房子在當時仍是預售屋，看屋的人是無法到工地現場內看屋，基本上會指定看這間房子的人有兩種，一是投資客（按：當時房地產有走下坡趨勢，但市場還算熱絡），一是很喜歡建商的江南風格設計的自住客。但這一間簡董委託我公司委賣的預售屋房子，公司廣告了一年多，還只接到三到四通詢問電話，投資客沒有人敢用一坪二十八萬的價格接手。而這一年多，也時常接到簡董的關心電話，我也一直回報簡董說，預售屋較不好賣，且您開的價格有一點貴，附近新建案每坪價格大約落在二十三萬至二十六萬之間，而且房屋市場有走下坡的趨勢。但簡董總是回我那一句話，「再繼續幫我賣賣看」。

由於台北灣第三期江南社區這個建案，建商爲了能與其它建商的建築風格有所區隔，把整個建案興建成像是江南風光，有小橋流水、江南庭園，再加上徽式建築，整體外觀非常有建築美學，我自己也非常喜歡這種建築，是整個淡海新市鎮的建案當中，較具特色的建案之一。

然而幸運的事發生了。就在離這個建案交屋前半年，我同事接到一通看這一間房子的客戶陳先生來電，陳先生本人很喜歡有江南好風光味道的房子，我同事帶他看過這一間房子兩次後就下斡旋金，欲購買此一間三房二廳二衛四十三坪的房子，因這一間房子樓層不高，從窗戶往外看，可看見社區中庭的庭園造景，就是有這一幅美景，才會吸引陳先生的購買欲望。

買方陳先生爲何急著想購買此房子呢？另一原因係因江南社區這個房子預售案推出之時，房地產正熱絡，政府打房措施未完全啓動，建商推出三個月後就完銷了，因陳先生錯過購買此建案房子的時機。再者，陳先生也剛好把一間位於淡水紅樹林附近的房子賣掉，急需買房，所以陳先生跟我公司下斡旋購買此房的價格就變得非常漂亮。

我公司同仁一收到陳先生的斡旋金之後，我沒有馬上回報給賣方簡董，還是沉澱了一下心思，因一旦向賣方簡董回報此購買價格時，基本上，已算是成交了。約莫過了一天之後，我才向簡董回報了一個價格，再過幾天之後再回報一個更高的價格，讓簡董感受到我們的努力和用心。當簡董知悉我們給他的房子賣了一個好價格之後，在一個禮拜過後，雙方就依照共同有空的日子，來到我公司簽好買賣契約，陳先生依約先行支付百分之十簽約金，入履保專戶。惟仍須依據買賣契約，請雙方至建商代銷公司更換買方預售屋所有權契約。

一般來說，這件成交案，應該很快就會辦好過戶手續，惟因該建商堅持其公司之預售屋建案要在交屋前一個月才能移轉買賣合約，兼因原買方簡董欲節稅，想把預售屋房子的購買人更改成其女兒名字，又須連絡遠在紐西蘭求學的女兒回台灣簽約。雙方這一拖延，三個月過去了，在這期間，台灣的房地產環境也改變了，一是在二〇一四年九月，房市已有逐漸走下坡趨勢。二是當政府於二〇一二年八月一日實施實價登錄後，任何不動產交易資料，每一個人均可上內政部的實價登錄網站查詢得到。所以房地產買貴了或買便宜了，均能查得出來，政府這個政策，讓所有不動產實際交易資訊完全透明化，惟當這個政策實施後，使投資客較不易炒作房地產，也減少了不動產價格哄抬現象，但卻也是造成台灣房地產交易量每況愈下的原因之一。

這時買方陳先生，也察覺到政府打房政策一一出籠，房價也已開始走下坡，他覺得購買此房子的價格似乎比行情價還貴，感到很受委屈，就以房子交屋期過長爲由，相對影響到其紅樹林房子的交屋，以及江南房子裝潢時程，要求賣方降價求償，否則欲取消購買合約，但賣方簡董一聽到此消息，認爲他們已有告知買方陳先生因過戶問題會延遲交屋乙事，陳先生此時提出降價及毀約是不合理的要求，直指陳先生片面毀約，簡董想要循法律途徑討回公道。

惟若從另一個角度來思維，此時若房價持續飆漲，買方會不會急著要毀約呢？賣方會不會跟仲介公司抱怨說，你們把我的房子賣便宜了，也要毀約呢？

我公司面對此一景況，爲求最佳解，就約了雙方到公司進行多次的協商，賣方簡董派了他的哥哥、妹妹和簡太太來談判，簡董的哥哥目前已退休，但在台灣、南京兩邊往來居住，以前曾服務於半官方營建機構，是一位談判高手，對建築和營建工程很內行，妹妹服務於台北市信義區一家知名的保險公司，在這間保險公司的不動產管理部門當高階主管。

而買方則是陳先生夫婦一起過來談判，陳先生在一家知名的公司從事業務，陳太太則在一家公司從事會計工作，他們在職場上都占有一席之地。然雙方一到我公司的會議室坐下來後，就只能以一句話形容，「公說公有理，婆說婆有理，雙方仍然無法聚焦達成共識」，那種景況，在我公司的會議室的空中，像是兩個戰場，話語像是飛彈，相互發射，有點像是北韓的金正恩與美國的川普一樣在空中隔空叫囂，幾乎要循法律途徑解決。

然經我們多次的協調溝通仍無最佳解，我與公司負責人只好語帶威脅地告知雙方說，「若眞的要循法律途徑解決，可能這間房子一至兩年內都無法買賣，買方簽約所支付的百分之十簽約金也無法退回，必須等到官司打完有了判決，才能進行相關賠償事宜，實在是勞民傷財，請雙方三思」。

雙方經我公司多次耐心的協調與曉以大義後，事情結局雖不甚滿意，但最終也接受了我們的和解意見。我們公司爲了讓事情有個圓滿結局，最後向買方少收了百分之三服務費，以彌補買方陳先生自認爲的損失，才讓此事有一美滿的結局。

知識補充站

實價登錄

顧名思義就是將不動產實際的交易價格，登錄於內政部所屬的地政機關網上，已於二〇一二年八月一日起正式上路。不論買賣住宅、店面或土地等，都得將實際價格一一登錄於網站上，供民眾查詢。爲讓民眾可更快速掌握最新實價登錄資訊，內政部不動產交易實價查詢服務網自二〇一七年十二月起，由原每月發佈二次，調整爲每月三次，於每月一日、十一日及二十一日都會發佈最新的實價登錄資料，讓民眾可以更即時查詢房地產交易價格，有效掌握不動產交易市場情勢。

15 不動產市場，就是紅海市場

買房搶爭奪
一波三折終度過
眞情感動天

禮拜天從教會回到家，接到教會高長老的來電，電話那一邊說，「姚牧師的妹妹要買房子，要請你幫忙。」掛了電話，便撥電話給姚牧師，了解他妹妹要買房子的類型與預算之後，就與姚牧師預約看屋日期與時間。姚牧師說，他妹妹要請他先看過房子一遍後，再告訴她哪一間房子較適合。回到公司，我從公司的房屋物件中挑選了七間三房二廳二衛的房子，請公司祕書製作一張資料表，把這七間房子的規格、坪數、座向、金額全列在其中，方便自己在帶姚牧師看這七間房屋時，能很清楚明瞭的向姚牧師解說。

與姚牧師選定看屋的日子，是一個下雨天的下午，冬天的淡水是最會下雨的，在這飄著細雨的淡海新市鎮，有點浪漫，又有點讓人心煩。我開著車到姚牧師家的樓下接他，姚牧師一上我的轎車，就先把做好的這七間房子的資料表交給他，也做了簡短的介紹和解說，就依據規劃好的看屋路線，依序帶領姚牧師看完這七間房子，姚牧師年紀已快邁入八十歲了，在這下雨的日子看屋，我很怕姚牧師走路滑倒不安全又太累，想更改日期，但姚牧師認爲日期已定，就照原定時間看屋。在牧師的心中，因受聖經信仰的影響，天氣無論是刮風或下雨，都是好日子。但在我們做仲介這一行，最不喜歡壞天氣帶客戶看屋，因害怕壞天氣影響客戶心情，房子賣不出去。

姚牧師看過這七間房子之後跟我說，「我會把這張房子的資料表交給我妹妹，她一月底會從瑞士回台灣來投票，順便來看你爲她挑選的這七間房子，屆時還要請你安排一下」「OK，沒問題」，我回答道。

二○一六年一月底，總統與立法委員的選舉結束，由於民進黨勝選，選後的一星期，看屋潮還未顯現，很多人都要等到新總統就職後才要看屋、買屋，而姚牧師的妹妹卻指定這個時候要到淡水來看屋，且這次一定要找到房子才願意回瑞士。

總統選舉完沒多久，姚牧師與我約好第二次看屋的時間，這次看屋多了兩個人陪同（姚牧師的兩位妹妹）。惟看屋這天沒有下雨，但天候陰陰的，我照樣開著車去姚牧師家接他們，就照著原先規劃的看屋路線，一一介紹每間房子及周圍環境。到了看屋路線的最後一站，是一間二十年的大廈房子，姚牧師目前也住在這個社區，牧師說，當初他買這社區三房的房子大約新台幣三百多萬，而我推薦的這間三房的房子目前的售價爲六百多萬台幣，就在此時，委託我賣台北灣有間五樓三房的房子屋主來電跟我說，「謝先生你上次不是說有位歐洲回來的客戶要看我的房子，我現在那間房子要更改價格，我要實拿新台幣八百五十萬」，「錢太太，我正在帶客戶看房，您的房子剛剛帶她看過，她很喜歡，我明天回您電話」。此時，姚牧師住在瑞士的妹妹跟我說，她喜歡台北灣社區那間五樓三房的房子，請我用八百萬去跟屋主談，我說，「剛剛屋主有打電話給我，您也有聽到，屋主錢太太要實收八百五十萬，您出的價格還離屋主想要出售的價格有些許差距，您要不要再加個價呢？」姚牧師的妹妹說，「我頂多再加十萬，你就以八百一十萬去跟屋主談，若這個價錢不能買到，我就不買了」。我心裡想著，八百一十萬就試著談談看，便跟姚牧師的妹妹說，「爲了取得屋主的信任，我這裡必須跟您收十萬斡旋金，這表示您買此房子的誠意度」。「好的，明天我們約在淡水馬偕醫院，我把十萬斡旋金拿給你」。姚牧師的妹妹會跟我約在淡水馬偕醫院見面的原因，是因爲姚師母住院，姚牧師的妹妹要順道去探視姚師母。

帶姚牧師他們看完屋後，回到家即刻用Line向台北灣屋主錢太太告知看屋情況，並開始與錢太太議價。議價是一門學問，是經驗的累積，即使有人傳授或是閱讀來自書本的知識，沒有實際議價過，也是很難應用得出來，也就是知識若沒有用出來，知識仍舊只是知識而已。

屋主錢太太一直沒有讀我的Line，等到隔天一大早，我打開Line看昨晚的信息，在Line中看到一則屋主錢太太傳來的消息說，「那間台北灣五樓三房的房子願意再降價，從八百五十萬改爲八百三十萬實拿」。一早看到這則消息非常高興，因爲此價格與姚牧師妹妹出的八百一十萬價格尚差二十萬而已，我想我一定有把握可以成交。

到了淡水馬偕醫院收了斡旋金之後，就與屋主錢太太聯繫說，「您的房子我已收斡旋金，想與您見面商談」，錢太太好高興，就約我至微笑莊園社區的咖啡廳商談，因這間房子有給好幾家仲介公司銷售，且已銷售近兩年都未能成交。我一到微笑莊園社區的咖啡廳，錢太太就用社區的點數卡爲我點了一杯拿鐵咖啡，但她自己沒有點任何飲料。這時我拿出斡旋單給錢太太看，表明買方願意以八百一十萬買她的房子，錢太太看了一看斡旋單，仍不同意此價格，也不在斡旋單上簽字。說巧不巧，這時有位仲介撥電話給錢太太說，「這個價格太低了，妳千萬別同意，我這邊有客戶要買，出的價格一定比這個價格高出許多，錢太太請等我一個星期好嗎？」我說，「錢太太，我的客戶今天就要決定，不然她要買別間房子了，假如妳要等別的仲介的客戶一個星期，萬一到頭來對方也不買了，屆時妳就兩頭空喔！」。

錢太太一聽到我的分析後說，「你是否可以請買方再加個十萬嗎？八百二十萬不是比較好聽嗎？」，我答道，「姚牧師的妹妹已經跟我說，就是要用八百一十萬買您的房子，她不再加價，千萬不要爲了十萬塊損失了這位客戶」。錢太太還是不死心，就撥了電話給那位仲介，「你（妳）那邊的客戶到底要不要買，麻煩請再撥個電話給他好嗎？」，過了沒多久，那位仲介撥了電話來說，「錢太太妳再等我一個星期，我這邊的客戶出的價格比較高，目前我的買方沒有接我的電話，妳可再等等，千萬別簽字」。我用同樣的話，再一次的分析給錢太太聽。錢太太內心極爲交戰，眉毛都糾結在一起，像是一條沒有解開的繩結一樣，在此時此刻，我必須要變成那位解開繩索的人，將她內心的結慢慢地解開。就在我不斷地與她分析事情輕重，慢慢解開繩索的剎那，錢太太終於簽字了，眞是感謝上帝。當錢太太在斡旋單上簽字後，當天就跟公司報成交，就馬上與代書協調簽約時間，因姚牧師的妹妹隔週就要回歐洲了。

次日我到台北灣這間五樓房子稍作整理與打掃，忽然間接到一通兩個多月前也說想要買此房的陳先生，電話那一方的陳先生興沖沖的說，「謝先生，我想過去看看那間台北灣五樓的房子，我已決定要買這間房子」「陳先生很抱歉，這間房子昨天才被我賣掉，我再找別間房子給您好嗎？」「謝先生，我就是要這種房型房子，一進大門先看到玄關，而不是客廳，別種房型我不要。這樣吧！我出高價買這間房子，你去幫我跟屋主談談看」「陳先生這是不行的，這有違背誠信，我再爲您尋找台北灣同樣房型的房子供您挑選」「好吧！不過你可以再讓我看看這間五樓三房的房子嗎？」「可以呀！我現在就在這間房子裡頭，我等您過來」。陳先生再次看過房子之後，一再的請我幫忙他尋找台北灣這種房型的房子。

爲了滿足客戶的需求，我必須去開發這類型產品給顧客，這應該算是客製化的產品。回到公司後，我與店長商討此事，我們就開始在網路上搜尋台北灣社區此種類型的房子，並把每一家仲介公司上傳在網路上的房型、圖片，以及方位，一一的做比對。皇天眞是不負苦心人，終於找到台北灣社區一間高樓層同房型的房子。我了解情況之後，便開始繕寫開發信給屋主，也從淡水到新店去拜訪屋主。一到新店屋主的社區，向警衛表明要拜訪屋主鄭先生，警衛先生看我文質彬彬像是老闆不像壞人，就用社區對講機與屋主鄭先生聯繫，但萬萬沒想到屋主鄭先生的家中對講機剛好故障，無法聯繫上。警衛先生問我，你有沒有鄭先生家中電話呢？我說沒有，警衛在我臉上看了一下，態度一下子改變，「喔！你是仲介嗎？」「是的，我是仲介，警衛先生您可以幫我轉達嗎？」「不行，屋主沒有同意，你不認識屋主，應該是陌生人，屋主是不會同意你進到他家。請問你有信件要轉給屋主嗎？我可以幫你投遞」。心裡想著，警衛先生眞的很好心，便即刻回車上，拿起筆寫了一封開發信，拿給社區警衛，煩請警衛先生幫我投遞到屋主的信箱內。

過了一個星期仍然沒有音訊，也沒有接到屋主的來電，我一點也不死心，我想一定有方法找到屋主的電話，這時突然有個念頭進入我心，「對了！屋主過去有沒有出租車位呢？若有，一定會留下連絡電話給社區警衛」，我一轉頭就跑到社區大廳跟祕書和警衛詢問，社區祕書說，「謝先生，這有一本冊子，是屋主留下訊息要出租車位的冊子，你查看看」，我一頁一頁細心的審閱，眞怕會漏掉任何一顆芝麻似的。第一頁沒有，第二頁也沒有，第三頁也沒有，眞的很失望，就在要放棄之前，看到最後一頁的最後一行時，心眞是快蹦跳出來，沒錯！沒錯！是鄭先生之前留下出租車位的連絡電話，我抄下了電話號碼，急忙跟祕書小姐說聲謝謝後，即刻撥了電話給鄭先生，「鄭先生您好，我是鍾媽媽不動產的謝先生，我曾經寫信給您，詢問您台北灣的房子要出售等相關事宜，我這裡有客戶想買您的房子，請問您願不願意讓我來爲您服務呢？若您同意的話，我現在馬上開車到新店找您，與您簽不動產委賣契約」「好呀！謝先生您現在馬上過來，我太太也在家，可跟你討論」鄭先生很直接了當的回答道。我聽到鄭先生這樣直接了當的回答，我內心眞的非常驚喜與驚訝。就回家開車駛往新店。

我從淡水開車到新店鄭先生的家，已是接近中午的十一點，一進到鄭先生家中的客廳，我隨口問了一下鄭先生，「您有收到我寫給您的掛號信嗎？」「有啊！但我這間房子只給仲介賣到一月三十一日就不賣了，因已經賣一段時間了，只剩一個星期與仲介的約就到期了，你賣得出去嗎？」「鄭先生，我這裡的買方真的很喜歡您的房子，能否委託讓我來爲您銷售呢？您房子的委賣契約就讓我簽約到農曆過年前的二月三日好嗎？我一定會幫您銷售出去。」「好吧！你這麼有誠意從淡水來，就讓你賣賣看」。

在新店鄭先生的家，我與鄭先生和鄭太太議好房子出售價格，及簽妥委賣契約後，在回淡水開車的路上，即刻拿起電話撥給買方陳先生，「陳先生，陳先生，我已爲您找到台北灣社區的房子，是與那間五樓同房型的房子，您下午有空嗎？要不要到淡水一趟呢？看看這間房子呢？」「好耶！就約下午三點好了」，買方陳先生很爽快的回答我的詢問。

當天下午三點一到，沒看見陳先生來到，沒想到陳先生來電說，我要等我南京來的朋友一起看這間房，他們下午四點才會從桃園機場回到淡水，陳先生所說的他的南京朋友其實是住在台北灣社區的朋友，是過去在大陸一起居住在南京的朋友，他們買房都會一起商量和討論。

過沒多久，陳先生又來電說，「謝先生抱歉，可能要延到五點才有空過去看屋」，「好的，我會五點準時到台北灣A棟樓下等您們」，我很有耐心地回答著。到了五點，還眞的很準時，陳先生等一群人出現在台北灣A棟一樓，「謝先生抱歉抱歉！讓你久等了」，陳先生非常有禮貌的問候，就順勢帶領陳先生一群人搭電梯到十二樓看這間我爲他們挑選的房子。

我一打開十二樓這間四十點八坪三房二廳二衛的房子，陳先生馬上說，「對！就是這個格局，是我要的房型，謝先生你好厲害，這麼快就幫我找到了。」「陳先生你看這房子的客廳比你剛剛看的那間房子還大，你要不要考慮買這間呀！你再看，房子已有裝潢，冷氣、熱水器、沙發、燈具、床鋪都有了，你去把剛剛下訂的那間房給退了吧！」陳先生的南京朋友給了他建議。我心裡想著，原來您們一再跟我延後看屋時間，原來是到別個社區看房子去了。

這時陳先生與他的南京朋友們便開始仔細的觀察這間房子的屋況，在他們愈看愈喜歡的當頭，陳先生忽然轉頭跟我說，這間房有沒有人住過，若有人住過他就不買，還有每坪房價不能超過那間五樓的房價。還好，這間房子剛好沒人住過，從觀察瓦斯錶，屋主都還沒有向瓦斯公司申請安裝，就可看出端倪。我趕緊把握此一不可多得的機會，即刻向陳先生說，本來這間房子屋主是要買給他兒子住的，由於屋主的兒子嫌淡水太遠，就不來居住了，所以，這間房子以前是沒有人住過。另外，這間房子已經有別家仲介在跟屋主商議價格，陳先生要快點做決定，不然就要失去機會了。陳先生被我這樣一說，心裡有被我感動到，就慢慢願意出價。

「請問一下謝先生，屋主願意賣多少呢？」「屋主要實收九百五十萬，但目前別家仲介公司已有人出價九百三十萬要購買」「這樣好吧！謝先生你用九百萬去幫我談」「陳先生，九百萬屋主是不會同意的，現在有人出價九百三十萬，若您不以這個價錢來跟屋主商談是不太可能成交的，現在要快，不然別家仲介捷足先登，您又要買不到此類型的房子了，可行的話，我馬上收您的斡旋金，明早我就趕到新店與屋主商議」，「好吧！就用九百三十萬去跟屋主洽談」「陳先生，九百三十萬這個價錢我會努力爲您談成，但屋主這邊是否願意放手，就看上帝願不願意幫這個忙了」。

我便直接把事先準備好的斡旋單拿出來，就在這一間屋子內，與陳先生簽訂房子買賣議價書，俟收到陳先生的斡旋金和斡旋單後，即刻跟屋主鄭先生回報，並與鄭先生約定明天一早，開車到新店將斡旋單遞給屋主鄭先生簽字，以茲證明鄭先生願意以九百三十萬出售此間房子。

這間房子鄭先生之前已給其它仲介公司賣了一段時間，我想至少有六個月以上，我若能夠將這間房子銷售出去，一定會對鍾媽媽不動產公司的聲譽加分。然而我竟未想到，我一到鄭先生家中，鄭先生已請一位同業〇〇不動產公司的買先生在他家中等我，目的是幫鄭先生審核我的文件與斡旋單是否合宜。原來鄭先生認定，鍾媽媽不動產公司沒有品牌，知名度不夠，不太信任。這或許是同業間忌妒心，但不論是何種心態，我一定要完成此間房子的成交。鄭先生找來的這位同業看完斡旋單後，認定沒問題，就暗示鄭先生可以簽字。我在鄭先生簽字後，順便與他們閒聊了半個小時，目的是在讓鄭先生與那位同業認識我，以及鍾媽媽不動產公司，好讓他們放心與安心。

離開了新店鄭先生家，往淡水的路途中，拿起手機撥電話給陳先生說，「陳先生沒問題，您出的購買價格，鄭先生已同意了，我們就約農曆過年前簽約，選二月三日下午一點簽約可行嗎？若可行，我就先約代書與鄭先生了」「謝先生，沒問題，就選二月三日」，陳先生高興也帶點喜悅的心情回答道。爲了簽約當天能順利進行，我也很快速地向淡水土地銀行詢問有關房貸事宜，特別是青年首購房貸，以及陳太太是大陸籍等問題，土銀的高先生都回答說，沒問題，可以貸款。這時我也放心許多了。記得談妥這一件成交案的當天是一月二十七日，就在當天的晚上，接到來自高雄哥哥的電話說，「阿賢，岡山的嬸嬸得了癌症過世了，二月二日要出殯，你要回來參加嬸嬸的喪禮嗎？」這個消息太突然了，有一點無法接受，因從來沒有聽說過嬸嬸得了癌症。我便回答哥哥說，「沒問題，我二月二日會回岡山參加嬸嬸的告別式」。

爲了節省時間，及考慮二月三日房子要簽約的事，我二月二日當天開夜車回高雄岡山參加嬸嬸上午十點的告別式後，即刻與老婆大人開車北上，到了中部要到泰安休息站時，由於我提早一個路口下交流道的關係，錯過了到泰安休息站休息，就將錯就錯的到另一個地方休息，沒想到這個地方竟然是我與老婆大人一直想要去參觀的台灣生產薩克斯風的地方——后里。我們選擇了一家薩克斯風餐廳作短暫的休息，順便了解台灣的薩克斯風產業現況。很可惜這個產業已被大陸取代，留在台灣的企業爲了生存，只好走高價位、高品質路線。

就在欣賞薩克斯風樂器的當頭，這個時候很突然的接到買方陳先生的來電說，他不買台北灣那間房子了，要我退給他斡旋金，我回問他為什麼要毀約呢？若毀約，斡旋金是不能退，要轉交給賣方當做違約金。「謝先生沒這回事，賣預售屋的建設公司為什麼可以退？」「那是你們還未與建設公司簽約，不買只退紅單給建設公司，而你要買的這間中古屋，斡旋單屋主已簽字同意賣給您這間房子了，在法律上已經生效，若不買就要賠款給賣方」「不是我不買呀！是我老婆在大陸玩股票輸了錢，無法匯錢回來台灣，能不能幫幫忙，把斡旋金退還給我」「陳先生這是不行的，明天就要簽約，竟然反悔不買，這間房子是您請我幫您找的，屋主好不容易被我感動，願意以此價格賣給您，若您不買，就是毀約，需賠款給屋主鄭先生」「那怎麼辦呢？那房子我不喜歡，我老婆股票虧得一塌糊塗，沒錢給我買房子了」，陳先生語帶悲慘的口吻說著。「陳先生，我給您一個建議，要不要先跟您南京的好朋友周轉，等您太太股票變現之後，再還錢給您南京的朋友呢？」「謝先生，不行呀！我是很不喜歡與朋友間有借貸往來，況且買房子的事是我個人的事，不麻煩別人」「沒關係，我來跟您南京來的朋友詢問一下，也許他們會幫您的忙」，我實在是為了解決明天的簽約不會落空，才向陳先生提出此建議，但萬萬沒想到他卻拒絕說，「謝先生，電話你不用打了，我自個兒來打給他們」。

若明天沒有簽約，這個事情眞是大條了，眞的會應驗了鄭先生的看法，「鍾媽媽不動產公司知名度不夠，還是有品牌的公司較有保障、可靠」「不行，我絕對不能讓公司的商譽受損，無論如何我一定要談成」，我的內心有一個聲音這樣告訴著我。就即刻拿起手機撥電話給陳先生的南京朋友，以了解陳先生突然變卦的原因。「王小姐您好，謝謝您介紹陳先生給我，請問您知道他突然不買房子了嗎？陳先生說，他太太要匯來台灣買房的錢，被股票給套牢了，所以他沒錢買了，明天要取消簽約，也要我退還斡旋金給他」「謝先生，沒聽他說呢！我來幫你問看看後，再回覆你」「王小姐，眞是謝謝您了」。陳先生說要打電話給他南京的朋友，很顯然的是沒有撥打。

約莫過了十分鐘，陳先生的南京朋友王小姐來電說，「我臭罵了他一頓，眞是見色忘友，昨天有位仲介小姐打電話給他，叫他不要買你那間房子，她的房子比較便宜，叫陳先生買他那一間房子，又跟陳先生說，若斡旋金不能退，這位仲介小姐願意賠給陳先生，眞的是見色忘友，你爲了他幫他找房子，還口口聲聲說要買這間房子，眞的是！一有女人出現，就被女色騙得團團轉，我已跟他說，明天照常簽約，不然他自行負責」「王小姐，眞不好意思，讓您動怒了，也謝謝您了」。這時候我手機的電話鈴聲響起，一看電話號碼是買方陳先生打來的，我一接起電話，陳先生帶點怒氣與氣喘聲說，「謝先生，既然斡旋金不能退，那就明天照常簽約，我要趕快請我在大陸的太太匯錢過來」「好的，謝謝了，明天公司見。」我語調平和的回答他的來電。

簽約當天，我與屋主鄭先生約好十二點四十五分淡水捷運總站見，我開車過去接他，鄭先生很準時的到達捷運站，一上我的車子，就開始說簽約的事，買方有沒有帶百分之十的簽約金呢？簽約金已入履約保證專戶沒？我說，沒問題，前天我已請代書給陳先生履約保證的帳號，陳先生應該會去入帳吧！

我開車到淡水捷運載鄭先生來公司的同時，代書與陳先生和他大學剛畢業的兒子已在會議室等著了，在等候鄭先生來到之前，代書對房子購買相關事宜也已跟陳先生做了一番說明，這時鄭先生到了會議室，一坐到椅子上，便拿起一張紙說，「這張簽約流程是○○不動產公司給我的，所有程序均要照著這張紙的內容來走，陳先生的簽約金已入履保了沒？」買方陳先生急忙地接著說，「還沒！我要先確認銀行願不願意貸款給我們（青年首購優惠貸款），我兒子目前還未找到工作，若不能貸款，履約保證金我是不敢匯入，深怕百分之十簽約金若沒匯入履保專戶後，取不出來。」這時鄭先生也很不客氣的說，「今天簽約金若沒匯入履保專戶，我是不簽字的，我是要照著程序來完成房子買賣，這樣對我才有保障」，「我不是不買這間房子，而是怕萬一貸款貸不下來，一旦簽約金匯入履保專戶，我會賠更多」，陳先生很謹慎的回鄭先生的話。我也跟他們說，「我早已請教過淡水土銀承辦房貸業務的高先生說，陳先生他們貸款是沒問題的」。從這一點可以看出陳先生做事非常謹慎，深怕吃虧，若從另一角度來看，他是有點對仲介的信任度不夠，或者說對台灣不動產的交易流程不甚了解，因而產生疑慮。

陳先生對於貸款一事非常的慎重，便提出要先到淡水土地銀行房貸部門諮詢，了解青年房屋首購貸款相關條件後再來簽約。我爲了圓此事，也請示了鄭先生是否同意陳先生的請求呢？若鄭先生您同意，我必須親自帶陳先生和他兒子到土銀了解此事，而必須請鄭先生您在我們公司等候片刻。鄭先生很爽快且話語帶點諷刺的回答說，「沒問題，若能辦好房子貸款，才能買得起房子」。

這時候爲了能讓房子買賣能順利簽約，代書主動提出要跟我們一起到土銀，因代書與淡水土銀分行經理的關係很好，說不定能幫得上一點忙。我便開著車載他們到淡水中山北路的土銀辦理和詢問貸款事宜。到了淡水土銀，附近停車很不方便，常有拖吊車巡邏，我就沒有跟著他們上去土銀貸款部門接洽房貸事宜，自己坐在車上，路邊暫時停車等他們，就由代書陪陳先生父子上去辦理。

在詢問和辦理房貸這四十分鐘期間，我打了兩通電話給鄭先生，一方面是安撫他的情緒，一方面怕他坐在公司會議室很無聊。約莫四十分鐘過後，代書與陳先生父子從土銀的門口走了出來，我揮手指示他們我停車的位置。看樣子好像房貸沒問題，不然個個走起路來怎會如此這般的神清氣爽呢？上了車，我快速的載他們奔回公司……。

「鄭先生很抱歉讓您久等了，陳先生的兒子辦理青年房屋首購貸款應該沒問題，陳先生可以當他兒子的保人。」我與陳先生和他兒子及代書回到公司的會議室坐下，代書拿起原先寫好的房子買賣簽約書，請雙方在合約書上簽字的當頭，這時陳先生突然說，「我要在合約書上註明一條文字，萬一貸款無法核貸到我要的金額，買賣就不成立」，這句話聽在鄭先生的耳朵裡，的確非常非常的刺耳，鄭先生馬上回答說，「豈有此理，沒錢還想要買房，萬一房貸沒貸成，我要沒收斡旋金，甚至請陳先生賠款，這樣今天這個合約我不簽字了」。陳先生聽到鄭先生不簽字，他也不簽字，全會議室的人見到此景況，大家的表情就像是看了一場驚悚電影一樣，整個會議室的空氣就凝結在那。

沒多久鄭先生馬上起來說，「房子我不賣了，我要你們公司把陳先生的斡旋金賠償給我」，就走出戶外，這時外面正下著細雨，這是典型的淡水冬天氣候，我也馬上跟著走出去，再次與鄭先生溝通，「鄭先生，房貸的問題我來解決，能不能給我一點時間，讓斡旋的契約延長到二月二十八日好嗎？因馬上就要過農曆年，我會再與陳先生商討，讓他兒子能在過年後找到一份工作，這樣陳先生的兒子就有好條件能夠貸到青年首購房貸了」。鄭先生聽了我的請求，並沒有感動和答應，一直繞著賠償的事繞圈子，就突然迸出一句話說，「沒衡量好自己的能力，就急著買屋」，「不是沒有經濟能力，而是買房的錢在陳先生的老婆那，老婆在大陸一家公司當經理，因老婆是大陸籍，所有的財力證明，台灣的銀行不能採信，所以貸款的條件才變差，目前陳先生已收到他老婆從大陸匯入的五萬美金，陳先生眞的很有誠意買您的房子，能不能讓此合約延到二月二十八日呢？」「唉呀！應該買不成，他兒子又沒工作，銀行誰要貸給他呢？我看謝先生你就不要費心了，直接賠給我斡旋金好了」。這時我若再一直停在與屋主鄭先生商討買不成就賠斡旋金的事情上繞圈子，對解決事情一點幫助也沒有，我就很斬釘截鐵地跟鄭先生說，「這樣好了，您給我個機會，讓合約遞延至二月二十八日，這段期間我來努力，把陳先生房子貸款之事處理好，若沒完成，斡旋金我個人賠給您」，鄭先生聽了我這破釜沉舟，堅定又有魄力的話語，就被我這話語給鎮住了，「好，有你這句話，就讓你延到二月二十八日」。

送走了鄭先生回到公司，繼續處理陳先生房貸事宜，陳先生說，「我太太不放心房貸事宜，決定過完中國農曆年後，會從南京搭飛機來台灣一趟，因過年期間機票不好買的關係，二月十八日才能到台灣，順便再匯五萬美金到台灣給我」「好的，陳先生今天我們先商談到此，我會繼續幫您們詢問其它有辦青年首購優惠房貸的銀行，看看您們的條件符不符合，若眞的不行，眞的可考慮找淡水一信合作社，我會跟張經理協商，給您們一個好利率。另外，陳太太二月十八日到台灣，我想二月十九日約您和大嫂到我們公司商談房貸事宜，屆時我也會約淡水一信張經理一起過來討論，期望您們的夢想能早日實現」。

我明知道陳先生他們的條件要申辦青年優惠房貸，資格是有問題的，但我仍不死心，我還是在隔天早上到淡水第一銀行、華南銀行、台灣銀行一一親自拜訪詢問，結果眞的如預期中一樣，資格不符。說眞的，內心是有點灰心，爲了創造三贏，我仍舊對此事充滿盼望，盼望陳先生的太太是一位明理人，願意轉變思維，青年優惠條件若不符，就改貸一般房貸，不也能完成買房傳家的夢想嗎？何必像陳先生一樣，死咬著優惠房貸利率不放呢？人生要完成的大事，有時候眞的是要抓大放小，互爲讓利，無須每樣斤斤計較。

在二月十九日到來的這段期間，我常跟上帝禱告說，「陳先生老婆至台灣看房子，願上帝賜福、感動她的心，願意及喜歡買下A棟十二樓的房子。阿門」。因爲陳太太的動向，對這間房子能否成交，至關重要，也是我對屋主鄭先生的一個承諾。我一直很期待二月十九日的來到。

過年的日子一天一天的飛逝，這天來到時，總得要面對，無論是喜是悲。

「謝先生你好，我太太已到台灣，我們明天下午兩點到你公司」「OK！我也會請一信張經理親自到我公司爲您們解說」。就在日子來的這天下午兩點，陳先生與陳太太一進公司，我看了陳太太一眼，內心已有所定見，「成了！這事可成」，因爲我一看陳太太的臉就像是一位明理之人，與一般我對大陸人士的刻板印象不同。

而陳先生夫婦來到公司會議室之前，淡水一信張經理也早已在公司等著，經由我對雙方做了簡單的介紹後，陳太太與張經理就相談甚歡，雖然外面天氣是灰濛濛的，正飄著細雨，但會議室裡頭卻是陽光普照。我們經過一番的意見交換與溝通之後，陳太太終於接受了張經理的建議，便捨棄土地銀行的青年首購房貸優惠利率，採用了一信的房貸利率。這時我趁著大夥兒的話匣子正夯之時，我提出建議，何不明天就請代書來公司簽約呢？沒想到陳先生夫婦竟異口同聲說，OK！聽到這一聲「OK！」，像是來自天上的聲音對我說，「祢的恩典爲年歲的冠冕，祢的路徑都滴下脂油」，也正如過年時收到一個大紅包一樣的喜悅與感恩。我不由自主地拿起手機就撥電話給鄭先生說，「明天下午兩點有空嗎？陳先生已同意找淡水一信貸款，陳太太也再匯入五萬美金到台灣，購屋款已足夠，明天可否請您到公司來簽約」。我的手機裡頭的聽筒也傳來了感恩的聲音，「謝先生，謝謝你的辛勞，我不是一個貪財之人，之前你說，沒談成你要個人陪我斡旋金，我也很不捨得你這樣做，如今陳先生已備妥足夠資金購買，沒問題，我明天會準時到，但你能夠到淡水捷運站來接我嗎？」「鄭先生，沒問題」。不論冬天淡水的天氣是如何的淒風苦雨，但一句「OK！」與「沒問題」，就像是喝了一杯玉山陳高那般的溫暖與滿足，而一切的誤會與認知的不同，也在這杯濃烈的陳高入喉後化爲烏有了。

知識補充站

※青年首購優惠房貸

本國國民年滿二十歲（含）以上，單身或已婚，但借款人本人及配偶及未成年子女名下均無自用住宅者，首次購買自用住宅者，可辦理首購優惠貸款。貸款期限最長三十年，其中寬限期最長三年。貸款額度，最高新台幣八百萬元整。貸款利率，指標利率係中華郵政股份有限公司二年期定期儲金機動利率。機動利率方案優惠額度前兩年百分之一點四四，第三年起百分之一點七四；固定利率方案優惠額度第一年百分之一點六二，第二年百分之一點七二，第三年起百分之一點七四。

Date ______/______/______

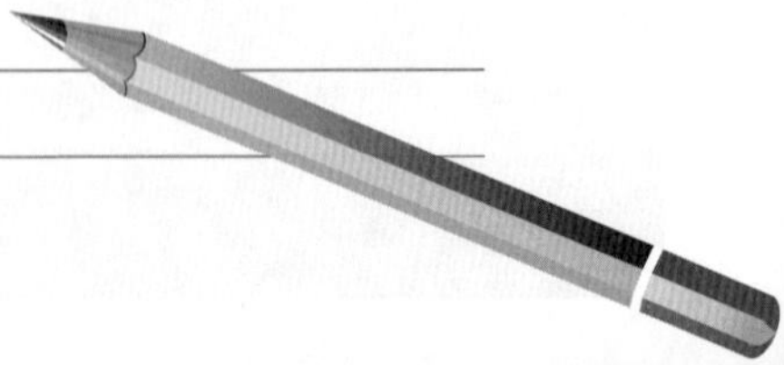

16 買方假看屋，仲介朋友來成交

買方假看屋
爲仲介朋友挖件
辛苦爲伊忙

我在不動產公司，每週大約會排到值班一次，而值班是獲得客戶的來源之一，值班當天來的客人不論是來店客或者是來電客，都會成爲我潛在的客戶，基本上我會將他們的資料存入我的客戶資料庫裡頭，作爲爾後進一步接觸與溝通的來源。而來店客我會引導他們加入我的Line通訊軟體，好讓我方便行銷和提供房子信息給他們參考。

有一次我值班時，來了一通電話，指名要看美人嶼別墅的房子，來電的客戶詹先生說他正在美人嶼別墅社區那邊等我，請我預備幾間美人嶼別墅的房子供他們參考。我請他們等我幾分鐘，讓我準備鑰匙和物件。一備齊後，我騎著摩托車飛奔來到美人嶼社區門口，與詹先生他們碰面，我簡單地向他們介紹要帶看的這幾間美人嶼別墅，跟警衛打聲招呼後，就帶領他們進入我為他們預備的這間別墅。一進屋內，詹先生的太太就開始評論，廚房太小、爬樓梯很累、價格又太貴、車位又要從別的入口才能進入地下室。

這位詹太太真的很會嫌房子，做仲介的前輩常說，會嫌房子的人才是買房人，我就姑且信之吧！到底我還只是一位剛進入不動產這個行業的菜鳥呢！

後來我為他們預備的這兩間美人嶼別墅並沒有符合他們的需求，但我沒有放棄這組客戶，就很直接地問他們的需求是什麼，詹太太馬上說，「有沒有電梯別墅呢？或者是大坪數四房的房子，預算大約在兩千萬上下，屋齡要六年以下。」我心裡想著，要買兩千萬大坪數，又要新四房的房子，這個價格是處於尷尬區間。

「詹太太這樣好吧！我有個請求，麻煩您們到我們公司來一趟，我依據您們的需求條件，回公司準備看屋資料，我有接幾間頤和電梯別墅的房子，順便搭您們車子一起過去看屋。」「好呀！」詹先生很爽快的回答。

我搭著詹先生的車到頤和電梯別墅的路途中，一路與他們閒聊，得知詹先生自己在做生意也開餐廳，而詹太太是位上海姑娘，一般人會說，要嫁就要嫁給上海先生，千萬不要娶上海姑娘，意思是上海先生很體貼，洗衣、燒飯樣樣通，而上海姑娘則較精明能幹，不好惹。我的朋友當中就有一位上海先生，眞的對老婆很體貼，除了幫老婆洗衣燒飯之外，老婆晚上睡覺之前，還會主動爲老婆按摩搥背。既然詹太太是上海姑娘，我已經知道了，要買房子的決定權是在老婆身上而不是先生了。因此，要多多與詹太太交流溝通，才能取得她的好感。

「詹太太，頤和別墅社區到了。」我特地爲他們挑選兩間裝潢好的別墅，這兩間別墅是建商與我簽有委賣契約，建商給我的價格很硬，我也知道不好賣，若買方知道這兩間別墅是建商的房子，他們大可直接去找建商買即可，何必要找仲介購買，然後再付給仲介服務費呢？因此，若要將房子銷售出去，我必須跟建商議價再議價，成交價格需低於建商的銷售中心所出售的價格才有可能。而爲什麼我要跟建商合作呢？因爲這樣可以擴大視野，引進不同類型產品來銷售，滿足不同品味的客戶他們的需求。詹先生和詹太太看過頤和別墅後，問我開價多少。我說，這一棟一百一十四坪電梯別墅加上兩個車位和裝潢，要價三千六百萬，我問他們的意見如何？他們一致認爲房子一坪要三十幾萬，價格太貴了，還是不滿意，請我再幫他們找大坪數，有四個房間，但價格在兩千萬左右的房子。

這時天色已晚了，秋冬的太陽在下午六點左右就要下山了，我知道詹先生和詹太太是準買方，必須把握，就再次與他們約定下次看屋的時間，並把要看屋的台北灣社區先向他們預告說，我已爲他們預備好台北灣三間九十八坪的房子，請他們這個星期六下午來看屋。這三間九十八坪的裝潢屋也是我跟建商簽委賣契約來銷售的，所以看屋當天我必須先到建商的銷售中心借鑰匙，這樣他們才不會起疑竇。星期六下午來到，我依約帶他們進到台北灣社區，按樓層高低依序介紹房子，從樓層低的房子先看，再到樓層高的房子，價位也是樓層低的較便宜，而這三間九十八坪的房子，每一間都能看到淡水高爾夫球場及觀音山，經過約一個小時看屋時間，詹太太喜歡上一間開價兩千八百六十萬的房子，問我最低能賣多少，我一時興起，一點也沒有防備的回答說，「若您們真的想購買這一間房子，我可以幫您們跟建商議到一個好價錢，兩千五百五十萬，因爲我跟建商的總經理非常熟，說不定兩千五百萬我就可以談成」。當我說完此話時，發覺不對，潑出去的水已無法收回，當業務的怎能亮出底牌呢？怎能說出「建商」兩個字？又怎能提出總經理呢？這是談判最差的方式。這時詹太太馬上說，謝先生你看兩千二百萬如何？你就用這個數字去幫我們談；不行呀！詹太太，這個價格差距太大了。我知道我已受騙了，這位詹太太殺價眞是太厲害了，一旦我亮出底價，她就在往你亮出的底價大大的再往下砍一次，眞不愧是上海來的姑娘，精明又手辣。

「詹太太，這樣好了，我先照您們的意思用兩千二百萬來跟建商的總經理議價看看，我總是要爲您們努力商談看看，今天我可以先收斡旋金五萬嗎？」詹先生說，「好啊！明天我把五萬斡旋金送到你們公司，麻煩謝先生跟我們與建商談看看。」「詹先生，我們就約上午十點在我們公司見面簽約（買賣意願書）。」我好高興喔！高興得當天晚上在床上翻來覆去的睡不著覺，只要在夜晚睡不著覺，我總會起床向上帝禱告。不過，我有幾次的經驗告訴我，只要快要收斡旋金的當天晚上若睡不著覺，這個案子鐵定明天會變卦。

哈！哈！果不其然，當天早上我撥電話給詹先生，提醒他十點在鍾媽媽不動產公司簽買賣意願書，撥了好幾通電話，詹先生都未接，但我沒有放棄，再次撥了電話給詹先生，這次他終於接了電話，並且回絕了昨天的約定說，「我太太認爲太貴了，不買了」。故事應該到此就得結束才對，但上午十點過後，我很突然的接到了建設公司陳總經理的來電說，「謝先生，昨天有位客人詹先生透過○○不動產的一位女業務員來跟我議價，要購買台北灣社區某棟六樓那間九十八坪的房子，那位女業務員聽詹先生說，你認識我，可以用兩千五百萬銷售這一間房子，所以這位女業務員也想用此價格賣這一間房子給詹先生。後來我沒有答應，仍維持兩千六百萬。謝先生，這件事你也不用跟買方詹先生談此事」。聽完了陳總經理來電跟我告知此事，我眞的不知如何回答陳總經理的話，我只是告訴買方詹太太，若您願意買此一間九十八坪的房子，我有把握用兩千五百萬談成，可是萬萬沒想到，詹太太竟然要透過他認識的仲介公司業務朋友來購買此一間房子，而不是透過我，原來我很誠心誠意帶詹先生詹太太看屋、選屋，他們不是要跟我買，我只是在幫他們的仲介朋友找屋，等到找到他們要的房子且價格也議下來之後，他們再請他們的仲介朋友去開發此案，再來銷售給他們。

建設公司的陳總經理很夠意思，知道買方詹太太的不好行爲，沒有將房子給○○不動產的那位女業務員賣。後來經由側面了解，這位女業務員在○○不動產的業績非常好，與詹太太是好朋友的關係，詹太太希望她買房子的業績能做給這位女業務員。因此，使用此「下策」。

在房仲這塊市場，基本上是一塊紅海市場，仲介公司的業務想要在此市場生存或發展，常會使用一些「奧步」來成交物件，我個人認為，業務的「奧步」只會帶來仲介公司之間的相互廝殺，以及客人對仲介公司的不好印象，仲介公司若也能做好企業社會責任，是會提升仲介公司的企業形象，像信義房屋的企業形象就一直被稱讚，不會讓有些客人認爲仲介的業務都是很會演戲和說謊的人。

這一句，「仲介的業務都是很會演戲和說謊的人」是我在中國科技大學教書時，一位學生對仲介的印象，是我的學生直接反應所說出的話。讓在仲介公司服務，及當老師的我一時感到非常的尷尬，也讓我啞口無言……。

知識補充站

✵紅海市場（Red Sea Market）

是指已經存在的、市場化程度較高、競爭比較激烈的市場。在紅海市場中，每個產業的界限和競爭規則爲人們所知悉。隨著市場空間愈來愈擁擠，利潤和增長的前景也就愈來愈限縮。各競爭者在各個市場中已經打得頭破血流，殘酷的競爭也讓紅海變得越發鮮血淋漓。

17 土地中人的虛虛實實

土地靠中人
買賣資訊被掌握
土地難成交

我進入不動產行業時，為了與公司其它業務同仁有所區隔，我的主要業務就把自己設定在以買賣土地為主，包括建地（住宅用地、商業用地、甲種建地、丙種建地）、農地（田地、農牧用地、林地）、工業用地（含丁種建地），因為與公司同仁做市場區隔，就較不會跟其它業務同仁搶案件、爭客戶，在公司裡頭自己開創自己的一片藍天，這藍天就是藍海市場。所以開發淡水、三芝、八里、石門的農地就是我的目標市場，而買賣農地就是我的市場定位。這一套是行銷學裡頭的STP理論或策略，我自己學習把這策略應用在買賣土地上。

但是要使用STP策略之前，需學會如何使用4P，即產品（Product）、價格（Price）、促銷（Promotion）、通路（Place）。這農地（產品），要如何與地主協商來訂價，農地與地主訂好售價後，便開始做行銷，促銷這塊農地，以及如何運用591購屋（地）網、實體與虛體（Online to Offline）等通路做廣告行銷。爲了把公司變成土地的通路場所，我應用了產銷合作觀念，便透過關係與五位土地中人合作，由他們報土地給我，我來幫他們做廣告行銷，萬一有成交，錢大家一起賺。

這五位中人，是淡水從事土地中人兩千多位中的五位而已，他們在這個領域已有十年以上的經驗，基本上做中人這一行，不用多高的學歷，只需要人脈就可以了，但信用很重要。起初我接到他們報過來的土地出售物件，我都會請公司的祕書一一到內政部的地政網路系統調地籍圖及土地謄本，然後開車帶中人到現地，一起拿著地籍圖觀看該土地的地形和地貌、範圍和水利系統，以及了解該土地用途，如此以便於有客戶出現時，能帶客戶到現場看地及現場解說。由於中人報過來的土地都不願意與仲介公司簽土地委賣契約，主因係中人害怕服務費被仲介瓜分一大半，自己所得有限，另一矛盾原因，卻又希望與仲介公司合作，早點將土地銷售出去。惟有一大缺點是，中人報給我的土地，我們無法直接與地主簽到委賣契約，所以公司不能刊登廣告，否則會因廣告不實被政府地政局罰款。

爲什麼大部分的地主出售農地，不直接找仲介幫忙，而要透過土地中人呢？原因很多，其中最主要的原因是，有一大部分地主認爲仲介很不實在，會從土地買賣過程中賺取高額價差（按：現在此行爲是犯法的），讓地主損失利潤。所以地主們寧願相信土地中人，認爲土地中人不會騙他們，且收取的佣金也比較少。

一般地主對仲介這種根深蒂固的錯誤看法實在很欠缺知識，他們還停留在過去的思維邏輯裡頭，以爲仲介是「牽猴」，會賺取暴利，殊不知現在的仲介公司已步入經營正軌，跟過去的「牽猴」不同，已完全受政府法令的規定或約束，買賣雙方最高僅能收取成交價百分之六的服務費，反而土地中人因不受政府的規範，才有機會賺取高額價差；甚至仲介公司在土地買賣交易過程受買賣雙方合約的約定，也大多各收取百分之一的服務費。

而爲什麼現在的土地中人目前非常願意跟仲介公司合作呢？因爲網路時代來臨，許多買主購買土地的資訊來源，大多會透過仲介公司的管道來獲取，少部分資訊才透過口耳相傳的中人系統取得。由於土地中人大多是個體戶，普遍缺乏網路行銷管道，必須借重仲介公司的網路行銷才能獲得客源，除非中人能自行設置網站，否則不容易獲得客群。但農地方面，目前因受中人把持的關係，仲介公司也往往需要借重土地中人的資訊提供，才能有所斬獲。就我個人觀察，在土地買賣方面，中人與仲介的關係處於「水幫魚，魚幫水」的互補型態。

因我與這五位中人配合銷售土地的關係，他們每個星期至少會報給我一塊土地供我銷售，所以幾乎每個星期需開車載土地中人到八里、淡水、三芝，甚至石門等地看他們報給我銷售的農地（產品），每一次到達農地現場時，我會依照地籍圖，請中人解說四周環境，順便爲這塊農地照相，回公司後，馬上製作此塊農地資料，包括照片、地目、坪數、使用分區及價格等，再請祕書將這些資料傳送至公司網站之後，就開始爲這塊農地銷售。倘若客戶有農地需求時，我也會請求中人們幫我尋找合適農地，供我的客戶們參考。

我的這種「產銷合作」策略，按理應該很能發揮「銷售農地」的效果，創造土地中人、公司，以及我個人三贏的局面，但其實不然，好的經營策略，實行起來卻不是那回事，人心的貪婪、信任度的不足，竟破壞了我的「產銷合作」策略。

有一次有位土地中人張小姐報給我八里台北港特區的一塊建地，每坪售價喊到七十六萬元，我已爲這塊建地找到眞正買方，這位買方是一家未上市、未上櫃的建設公司林董事長，這家建設公司的規模，屬於中小型建設公司，我跟這位董事長保證過，我這位土地中人一定可以把地主請出來簽約。我把此事報告給我台北港特區的這位中人張小姐說，我這邊已有準買方出現，想要過來淡水看這塊建地的地主給的授權書，張小姐說，「這塊建地是我另一位中人陳先生報給我的，授權書在他那兒，我已請陳先生拿地主的授權書來給您們看，陳先生的手機號碼我用Line傳給你，請你與他聯繫」，我便依照張小姐給的電話號碼撥了電話給中人陳先生，告訴陳先生我這邊有準買方想要買這塊建地，請陳先生帶地主提供的授權書供其審閱，看過授權書並了解情況後，買方會馬上開出一張一百萬元的支票，作爲斡旋金。陳先生聽過我的說明之後，也很有風度告訴我，沒問題，見面當天他會帶地主的授權書讓我及買方審閱。不過，他那邊還有一些人，是地主供養的一群廟會的人，他們也要分一些佣金，所以賣方地主這邊給的佣金，全數屬於我這邊來發落，而買方給你們的佣金，至少要提撥百分之三十給我，因陳先生說他那邊的人太多了。至於張小姐的佣金部分，就由你那邊來分給她。

我一聽完陳先生的說明以後，很婉轉地告訴陳先生說，買方給的佣金，可能不多，可能僅總價的百分之一或百分之零點五而已，況且我還要分給那位介紹買方給我認識的中人，以及我公司也要收取服務費，扣除這兩方的金額，佣金已經所剩不多了，還要再分給張小姐，以及您們那邊的那一群人，似乎很不合理。

我爲了暫時化解佣金分配無法達成共識的問題，就跟土地中人陳先生說，我先與您約見面時間、地點，等有了眉目，也就是我的買方建設公司林董事長願意購買這塊建地後，再來討論佣金分配的問題如何呢？土地中人陳先生聽了我的說明之後，也答應我的請求，就主動與我約見面地點，那一天是約在某個星期五的下午兩點，在八里的廖添丁廟口見面。

我依約開車前往，並載買方建設公司林董事長與他的合夥人林女士來到廖添丁廟門口，與我配合的土地中人張小姐早已在廟口等我，我與林董事長和林女士一起下車往廖添丁廟口走去，在土地中人張小姐的指引之下，坐在廖添丁廟內的涼亭裡與張小姐閒聊話家常，順便等這位有地主授權書的中人陳先生來到。我們這一閒聊，半小時就過去了，卻仍未見土地中人陳先生的蹤影，我很納悶且對不守時的人感到非常不悅，就請張小姐打電話給陳先生了解遲到赴約原由，張小姐說，陳先生馬上到，因陳先生早上開早餐店，從板橋開車過來比較遠。這一等候，又過了二十分鐘，陳先生終於現身，說了幾句道歉話語，我不等他說完，就故意打斷他的話說，「我們已等您快一個小時了，很浪費我們的時間」。雖然我心裡非常的不高興，還是很有風度地將林董事長與林女士介紹給陳先生認識，雙方就坐在涼亭裡開始商談台北港特區的這塊商二建地。

在商談台北港特區這塊商用土地的過程中，雙方氛圍還算融洽，等談到土地每坪價格時，林女士要求看地主授權書，陳先生說，「地主的授權書我拍照存放在我的手機裡，我現在找出來給你們看」，陳先生找了老半天，似乎對手機的使用功能不熟，但又說記憶體太小，CPU跑得慢，過了一會兒，終於找到圖像，秀地主授權書給我們看，他的手機是舊型的韓國三星手機，照片拍得不好，可是經我仔細一看圖片上的授權書內容，這時眞的不得了，我馬上跟這位土地中人陳先生說，「授權書日期已過期，且地號好像不對，很模糊」。建設公司林董事長與林女士，一聽到我的話，已覺得不對，似乎有被耍的感覺，也看了陳先生的手機裡的授權書內容後，就馬上起身說，「謝謝，下次再談」。此時，我非常惱怒，想破口大罵，但爲了給土地中人張小姐面子，不讓張小姐難堪，還是「以和爲貴」，就暫時忍氣呑聲。只是非常的對不起我的買方林董事長，因買方信任我才願意出面來商談此事，此次被土地中人這樣一耍，我自覺顏面盡失，信用掃地，以後這位建設公司林董事長與林女士對我所說的話或所提供的土地資訊，就會大打折扣了。

回到淡水，我馬上撥電話給這位土地中人張小姐，請她說明原因，她也無言以對。而此事會如此的誇張，這與土地中人生態有關，張小姐因曾經與土地中人陳先生合作過，所以很相信陳先生的話，接這塊土地的資訊來源均來自陳先生，而陳先生又不是地主直接授權給他，他也只是又從另一位中人手中取得的資訊，因此，當有買方出現時，張小姐與陳先生均無指導權，他們也僅能算是位傳話者。而土地買賣的佣金，這中間又會涉及到中人間的利益分配，中人均想從中謀取高額利潤，因此，所報的土地每坪價格，都會從中加價，例如：地主每坪要賣六十五萬，經過幾位中人從中加價後，到最後可能變成每坪七十二萬，而當你要求中人提供地主授權書時，中人爲了掩飾其謊言，就會在授權書內容動手腳，改以其它方式呈現了。

然而與土地中人合作買賣土地，也不是每個案子都如此，仍有成功的案例，但與土地中人合作買賣土地要成功的過程是較爲曲折，這也是事實。例如：有一次，我的合作土地中人吳先生報了一塊三芝的農地給我，我與中人吳先生到現地看了這塊農地，我的腦海馬上出現，這塊農地坪數與價格好像很符合我的一位客戶的需求，回到公司，即刻撥電話給我的客戶說明農地情況，就約好時間開車載我的買方客戶來到三芝看這塊農地，我的客戶一看就很喜歡，因爲他一直在找一塊可耕種又有水源的田地（水田）。買方馬上請我去議價，我也收了客戶的斡旋金，就向我的土地中人吳先生報告收斡金額之事，並請吳先生代爲與地主商談及議價，其實我很想直接去找地主議價，這樣我才能掌握實情（商機），實際參與議價。

土地中人吳先生收了斡旋金已過了兩天，還未接到吳先生的來電回覆，我便主動打電話給吳先生，以了解議價情況。惟吳先生竟回答說，他必須請另一位中人跟地主議價，所以比較慢，我心裡想著，議價還要透過另一個不認識的中人去商談，可能無法「知己知彼，百戰不殆」，且傳話過程亦會產生誤差，不利商談與談判。果不其然，拖延至第五天，我的土地中人回覆說，我的買方出的價格太低，地主不賣了。我說我可以要求買方加價呀！但我合作的中人上層那位中人，說不賣了，也就沒有轉圜餘地。我知道我的客戶出的價格很符合當地的行情，應該可以成交的，但爲何沒談成呢？我不便多猜疑，應該與佣金沒談攏有關。

我經過多次的土地買賣歷練，以及土地買賣沒有成交的經驗後，我也開始改變我的銷售策略，「產銷合作」策略仍然可以繼續採用，但須主動開發土地來源，掌握上游與地主的連結，土（農）地的銷售來源不能完全依賴土地中人，否則賣方銷售資訊完全被中人掌控，這有如少了一條腿一樣，如何行走穩健呢？從此以後，我也開始自己開發土地來源，掌握買賣雙方的資訊，使爾後的談判與議價不會受制於土地中人。

知識補充站

※STP理論

美國行銷學家科特勒所提出的理論。STP理論中的S、T、P分別是Segmenting、Targeting、Positioning三個英文單詞的縮寫，即市場細分、目標市場和市場定位的意思。**市場細分**是指根據顧客需求上的差異，把某個產品或服務的市場逐一細分的過程。**目標市場**是指企業從細分後的市場中選擇出來的決定進入的細分市場，也是對企業最有利的市場組成部分。而**市場定位**就是在行銷過程中，把其產品或服務確定在目標市場中的一定位置上，即確定自己產品或服務在目標市場上的競爭地位，也叫「競爭性定位」。

※Online to Offline（O2O）

是指線上行銷，線上購買，帶動線下經營和線下消費。隨著網際網路的快速發展，電子商務模式除了原有的B2B、

B2C、C2C商業模式之外，近來一種新型的消費模式O2O已快速在市場上發展起來。O2O透過打折、提供信息、服務預訂等方式，把線下商店的消息推送給網際網路用户，從而將他們轉換爲自己的線下客户。

※**產銷合作策略**

在此所稱的產銷合作亦可稱爲策略聯盟，著重合作互賴的相依與關聯性，藉此達到能力與利益的提振，增加優勢的競爭機會；產銷合作策略發生在兩個分離的組織之間，通常含括資本、人力、聲望、才能、技巧、知識與顧客基礎等。其目的就是在透過合作關係，共同化解本身缺點、強化本身優點，以提升整體的競爭力爲主。

※**授權書**

授權書的意思即屋主或地主授權給某人處理房子或土地的相關事宜，也可稱作代理人。授權書需要屋主和被授權人，雙方簽名同意即生效。

18 一位買空賣空的膨風王董

王董呀王董
西裝筆挺待酒店
靠騙過生活

以前有位鋰科科技公司的股東，他是一家船運公司的董事潘先生，有一天打電話給我，「謝博士最近不動產做得如何呢？」我說，「今年（二〇一五）房市不怎麼好，淡水已經關了三十幾家房仲，另這也與台灣經濟成長下滑，政府實施新的不動產政策有關」。「謝博士，我這裡有朋友介紹一塊天母住三建地要合建，也辦好古蹟容積移轉，土地一坪可蓋五坪，合建條件是，地主分百分之六十五，建商可分得百分之三十五，採水平分配，保證金每坪四十萬，保證金於簽約後四個月內需先付百分之五十，其餘另一半於申請建照後支付，您那邊有沒有認識的建商可來合作一下，若建商不想合建，要買土地自建，每坪售價三百萬」「沒問題，有找到合適建商，會馬上通知您，請您安排與地主見面。」我回答道。

獲得天母建地合建資訊的隔天，我便在公司的晨報會議中報告此合建案相關訊息，公司有兩位同仁對此合建案很感興趣，一位是張姊，她以前是一位開鐵工廠的老闆娘，過去也在其它仲介公司從事過不動產業務；另一位是佘小姐，她以前開過咖啡廳，也是一位不動產投資者，今（二〇一五）年剛進入這個房仲領域。她們兩位便分別開始透過人脈尋找合適的建商來開發此合建案。

會議後的兩天，佘小姐興沖沖的來公司找我說，謝大哥我已找到要合建的營建商，我這邊接洽營建商的中人李小姐說，要到現地先看天母這塊建地後，明天請我安排與地主見面商談。

「好的，我馬上來安排。」便拿起手機用Line免費電話撥給潘董事，「潘董，天母那塊合建案請安排見地主，我已找到要合建的營建商」「謝博士，因這塊建地地主已委託一位王董全權處理，您現在有沒有空?要不要來晶華酒店一樓與王董見個面，先來談談呢?」「好的」，我便隻身搭捷運到中山站下車，走路到台北市中山北路的晶華酒店，去見這位王董。

「王董您好，這位是謝博士，明天會安排一家營建商與您見面，商談天母那塊合建案」，潘董事把我介紹給王董，及其助理盧先生，盧先生曾經是東莞台商副會長，我與王董見了面之後，王董問我，是哪一家建商要來商談呢？我說，接洽營建商的那位中人李小姐口風很緊，一點也不肯說，深怕身分提早曝光，生意做不成。王董笑了一笑，便指示盧先生快快擬出一分佣金分配協議書，佣金金額是兩千萬，先扣除給土地介紹人陳先生二百萬後，剩餘的一千八百萬分配給我、潘董事、盧先生，以及盧先生所介紹的莊先生等四員，而潘先生是莊先生介紹給盧先生認識的，他們都是一般人心目中所謂的中人。而分配依據係按案子的貢獻度給予佣金，因我的貢獻度較高，一看佣金協議書內容，我分配到六百多萬佣金，為求協議書內容的可信度，我們五個人均在協議書內容蓋手印以示具法律效用。回家後把協議書內容拿給老婆大人看，她暗自竊喜，這下子房屋貸款可還清了，可以安心的環遊世界。

約定與王董見面的時間來到了次日的下午兩點，我同事佘小姐準時的把營建商和接洽中人李小姐帶到晶華酒店一樓的喝茶區，不見面還好，一見面才知營建商已知道王董的眞正身分與過去的來歷，雙方商談不到五分鐘就破局了，營建商堅持保證金要放銀行信託，王董說，先付一億供其周轉，並辦理土地過戶。由於王董二〇一二年被兩位警察扣上手銬照片，上面寫著經濟犯的斗大字眼，還在網路上流傳，營建商早已耳聞有這一號人物王董，時常西裝筆挺，在晶華酒店走動，果不其然，我Google上網一查，王董本人的長相與網路照片一模一樣。

這下子可好了，我馬上在晶華酒店的會場直接問潘董事。您知道王董的背景嗎？他說他不知悉，因莊先生是王董助理盧先生大學的同學，經莊先生的引薦才認識王董和盧先生，而莊先生曾在國內外證券公司當過高階主管，閱人無數，王董過去不好的紀錄也許是有其苦衷或是被朋友陷害的。好的，我們先把天母這塊建地的合建案促成，王董的人品或許是沒問題的。我自言自語的安慰自己如此地說著。

然而次日我很訝異的接到王董的來電說，「你們淡水有沒有幾千坪的農地可將來作爲療養院用途的土地呢？」「有啊！公司最近有接到一筆八甲農地要出售，若您有興趣，可找個時間到淡水來看這塊八甲地。」王董說，「那就明天上午十點約在興化店警察局門前見，順便請潘先生、盧先生也一起來看這塊農地。」由於盧先生從小在淡水興化店長大，家中祖產還有一塊四千多坪的農地荒廢在那，只是目前全家已搬離淡水住在石牌，要來淡水看農地，對盧先生來說是不會迷路，可當作他們的嚮導。

我們從事仲介這一行業，客戶永遠擺第一，王董要來買這塊八甲農地，對我及公司來說，是一筆大生意，因金額上看四億，我爲了做好行銷，請公司祕書協助，完成一本完美的土地介紹和產權資料，期望當天向王董做簡報時，能吸引住他的目光，進而購買此塊農地。

看農地當天一早，王董就開車與盧先生，及潘董一起到淡水，我信心滿滿的依據祕書所準備的資料向王董做簡報，並到現地看此塊八甲農地。王董看過現地後非常喜歡，說他馬上要見地主，請我即刻安排，當天下午三點到晶華酒店商談此塊農地，我說，「此塊農地的地主有委託一位林姓中人全權處理此塊農地，我來安排林姓中人攜帶授權書下午三點到晶華酒店與您洽談」。惟在商談此塊農地前的那段時刻，王董請教了建築師，看了這塊八甲農地的地目，是屬於特種農業用地，建築師說，特種農業用地無法變更地目，作爲養老院用途，若要變更需十甲地以上才可變更。不過，因之前早已經連絡好林姓中人要到晶華酒店與王董見面，現在通知林姓中人已來不及了，只好讓林姓中人依約按時到場。

王董與林姓中人在晶華酒店一樓見了面交談過後，林姓中人知悉八甲農地要改建成療養院用地已不可行，然林姓中人便自行提出他擁有四甲左右農牧用地，可規劃成療養院，王董一聽，便說要找時間過來看這塊四甲農牧用地，也請我做好整份資料供其參考。

這時等林姓中人及其它人離開後，王董就把我叫到旁邊說，「謝董我覺得你是個人才，我想開一家租賃公司，類似中租迪和的公司，我現在手邊有幾百億，你幫我找人才來。」我回答說，「王董，稱我謝先生就好，千萬不要叫我謝董，我實在不敢當，若要組成一家租賃公司，我是可考慮來做做看」「對了，明天我去淡水拿資料，順便看那塊四甲農牧用地」王董再三交代。我說沒問題，明天見。我趕快撥電話給祕書，請她調地號儘速準備。

隔天早上約十點左右，王董真的來電說，「謝先生，我大約十一點左右到淡水看那塊農牧用地，請問資料都準備好了嗎？」「沒問題，都準備好了」我回答道。「謝先生，是這樣的，我最近很缺小錢，你能不能借我三、四萬周轉一下，若可以的話，十萬也可以，待會過去看那塊農牧用地時，順便把錢拿給我」，我頓時呆了一下，心裡想著，王董身上不是有幾百億嗎？怎會缺這幾萬塊呢？我說，王董待會回覆給你。便用Line撥電話給我的介紹人潘董事，告知王董跟我借錢一事，潘董事說，「王董也好幾次要跟他借錢，不過，他都拒絕」認爲「這是公事，且朋友間最好不要有金錢借貸事宜，況且王董只是因這個案子才認識，對他眞的了解不足，你最好拒絕」。

我便拿起電話撥給王董說，「王董，眞的對不起，因家裡的財務都是我老婆掌管，我太太說，她不認識你，所以不答應」。王董回答道，「我是看得起你，且把你當好朋友，才會向你借錢，拜託啦，我眞的只缺小錢，你借我十萬，說不定我會還你一百萬，幫個忙，不然四、五萬也可以」「對不起，王董，我太太眞的不答應，若我隨便借錢給別人沒經過她的同意，是會鬧家庭革命的。王董，眞的對不起」掛了電話沒多久，王董再次撥電話給我說，「我不去淡水了，我是要向你周轉錢才要去淡水看那塊地，既然你老婆不同意借錢給我，那我去淡水就沒意義了」。回家把這件事告訴老婆大人，眞讓人笑翻了，看起來王董會不會是個騙子呢？

王董向我借錢的隔天，有位簡副總來電告知，天母那塊建地的合建案，已找到有意合建的建商，簡副總是一家房子代銷公司的主管，是我在買預售屋時認識的，因他後來知道我也從事不動產業務，才有一起合作的機會。

我不敢跟簡副總談起王董的事，深怕他對王董有先入爲主的壞印象。爲著豐厚的財富誘因，暫把王董不好的行爲先擺一邊，還是安排簡副總與王董在晶華酒店見面，商談此塊合建案。沒想到雙方一見面，相談甚歡，因簡副總所推薦的這家營建商，是一家四十年老牌、有信用、口袋深的營建商，也是過去專門承攬政府公共建設的營造廠商。王董很厲害，爲了取信簡副總，讓簡副總認爲他的財力雄厚，便拿出一些他正在洽談的一〇一大樓附近土地的規劃案，以及他存放在銀行的幾百億資金，資金證明全是英文且是影印的，誰看得懂是眞是假呢？王董虛晃一下就收起來了。便請簡副總安排見該家營建商高層主管。

過了一個星期後的一個禮拜三下午，簡副總安排我們到台北市忠孝東路內湖地區的這家營建商總部與該公司高層主管會商合作方案。一進到這家營建商總部的會議室，營建商非常正式的請服務人員爲我們倒茶或咖啡，這種場面對我來說，是再熟悉不過了，過去在政府部門或在企業界，哪種開會或應酬場面沒有見過呢？

營建商高層幹部來到會議室，便向前來一一與我們交換名片，可是王董竟未遞名片給對方，我覺得非常不禮貌，也很不妥，這在商業合作上是犯了大忌。我還私下跟他提醒，也許王董眞的有他說不出的苦衷吧！

在進行商談的過程中，營建商所提出來的條件，舉凡公有土地問題、土地所有權、畸零地問題，以及道路規劃等問題，王董聽完該營建商提出需解決的問題之後，王董只說一句話，「同意一一的解決」，並答應如期（一星期）解決。可是王董又爲了取信於營建商，又再次秀出一〇一大樓附近的土地開發案規劃書，及那份完全看不懂的百億資金銀行證明單。王董這下子可樂了，因爲簡副總眞的幫他找到一位大金主，可作爲王董個人與合建案地主交涉的籌碼。

惟經營建商私下得知，王董到目前尚未取得合建案的授權書，他對外均放話地主已授權給他，其目的是在騎驢找馬，做買空賣空的生意，而王董只不過是扮演一個整合者的角色，我們這些人是被他找來或是騙來爲他個人服務的所謂策士，等事成後，我們這些人僅分到從王董給我們所謂的小部分佣金，而大部分地主給的佣金則屬王董所有。可笑的是，我們這些人要分佣金的多寡，還要看王董的臉色。

一個星期過後，王董對建商的承諾仍一事無成，就透過他的助理盧先生打了好幾通電話給我，請我要簡副總一起商討策略，但簡副總知悉王董所答應的事，一件也沒有做，之後已完全不理會王董的任何邀約，僅告訴我，王董對於這個案子他根本做不起來，不要再跟他耗時間了，他根本是個……。

經過這一些事件之後，我已漸漸遠離王董這號人物，知悉王董沒有任何財力，僅是以晶華酒店當作他騙錢的場所而已，從此我再也不接王董的任何電話，晶華酒店一樓Bye Bye了。

知識補充站

※水平分配

合建分屋之分配方法有三種：1.**立體分層**：立體分層爲假設雙方興建一棟十二層雙併之建物，每一層有A、B二户，建商分得**A1F至A12F**，地主分得**B1F至B12F**，此分法即爲立體分法，一般在實務上，立體分法雙方爭議較小。2.**水平分法**：水平分法爲上例中**1F至6F**爲地主所有，**7F至12F**爲建商所有，若建築位於商業氣息濃厚之區域，店面價值高，則地主會爭取**1F**往上分，實務上許多合建之地主都要求以水平分法分配房屋，因地主可以保有其原先的位置。3.**分棟分法**：此法亦爲立體分法之一種，爲較大土地面積的建案，故可規劃數棟建物，此法爲地主與建商興建A、B、C棟建物，地主分A、B二棟建物，建商分C棟建物，分棟分法在實務上爭議較小，因各自管理各自建物。

※特種農業用地

根據「區域計畫法施行細則」第十三條，「特定農業區」是指優良農地或曾投資建設重大農業改良設施，經會同農業主管機關認爲必須加以特別保護而劃定者。至於「一般農業區」是指特定農業區以外供農業使用的土地。特定農業區與一般農業區均得依「農業用地興建農舍辦法」相關法規申請興建個別農舍，但特定農業區不得申請興建集村農舍。

19 當天看屋，即刻下斡旋的單親媽媽

單親媽媽喲
當天看屋價格低
即刻下斡旋

每個星期我會在公司值班一次，今天剛好是星期三，不用到學校教書，早上十點左右接到一通來自中和林小姐的電話，電話的那一方一直問我說，「我從591看到你們公司刊登日若山莊有間二房的房子含車位要賣二百八十萬，請問我只有自備款六十萬，我不買車位能不能用一百五十萬買這間房子。」我回答說，「不行，房子一定要連同車位買賣，這個社區的車位很便宜，才六十萬」。「拜託啦，我是一位單親媽媽，沒什麼錢，又要扶養一位四歲小孩，你就幫幫忙啦。」林小姐說道。「林小姐呀，男人沒有一個是好東西，讓妳要自個兒扶養一

位四歲小孩，沒關係，我來幫妳跟屋主談，給妳一個好價格，不過一定要含車位一起購買。」我用安慰且語帶同理心的口吻與她交談。

後來再經過三十分鐘雙方的意見交流之後，林小姐被我務實的話語所感動，在我的建議之下，決定明天到淡水來實地看日若山莊社區這一間房子。

次日我與林小姐約上午九點半在淡水捷運站右側，走路到底，是一個租電動汽車的地方見面，我車子停在那，預備開車載她到日若山莊看屋。因第一次碰面的關係，林小姐不放心，她也約了在醫院工作的女同事陪她前來看屋。由於她們在醫院上大夜班，早上剛下班的關係，沒有準時到，約莫等到十點，她們才依約來到淡水捷運站租電動汽車處。他們上了我的座車後，我先自我介紹，順便再將日若山莊環境做了簡短的說明和描述。惟上小夜班睡意濃的關係，她們一上了我的座車，便打開車窗開始閉目養神，從淡水捷運開車到日若山莊大約開了二十二分鐘抵達。

林小姐來到日若山莊，非常雀躍，說這裡很像她在屏東念書時住在鄉下租屋的地方，她喜歡鄉下。又說，前幾天她已自己騎摩托車從中和騎到淡水，便一路按圖索驥，來到日若山莊觀察地形。要來日若山莊，沿途也會經過夜總會（墳墓區），但她不怕，說在屏東求學時，晚上也常一個人騎摩托車回租屋處，一路上也會經過類似這種夜總會。

到了目的地，我跟日若山莊警衛辦了看屋手續後，便引領林小姐和她同事到了這間屋子，打開門，林小姐看到屋內仍擺放原屋主的家具在裡頭，又看到房子每個房間都有陽台，兩間浴室的蓮蓬頭又老舊，心裡覺得不是她理想中要買的房子。我回答道，「林小姐，這些家具都是屋主要留下來給買方的，妳若把它排整齊歸定位，屋內空間就會變大，而這房子每個房間含客廳及廚房在內，都有陽台設計，是現在新建房子所沒有的設計，再加上二房的房子權狀有三十坪，又有兩套衛浴設備，也是目前新蓋二房的房子所無法達到的坪數與設計，惟衛浴設備雖舊了點，但只要花點小錢更新一下，整個房子就變得更有價值了」。

林小姐看過房子屋內情況後，便要求看日若山莊的公共設施。說眞的，我帶過六組以上的客戶看日若山莊社區的房子，從沒有人提出要看公共設施，唯獨林小姐提出，我便帶她到管理中心的地下室看所有的公設，由於日若山莊的房子已有二十一年的屋齡，很多公設都已老舊，但仍保養得還不錯，舉凡籃球場、游泳池、室內乒乓球、網球場，以及兒童遊戲區，都規劃得很好，這在二十一年前應是個非常優質的規劃。我心裡想著，眞正想要買房的人才會如此關心社區公設，我一定要把這一間房子售出，也讓屋主感到我們公司的用心。

林小姐與她同事看完社區公設後，已過中午十二點，爲了把握這黃金時刻，便引導林小姐下斡旋，讓我有機會與屋主議價，可是林小姐一直在「出價會不會太高」的問題打轉。因是午餐時刻，我換個話題，不再把話題焦點放在收斡旋這件事上與她們討論，便開著車載她們下山，請她們到最近的便利商店用餐。就在用餐閒聊中，談出她們心中願意購買的價格，爲了把握時機，看見便利商店就有提款機，我便拿起已準備好的斡旋單，寫上她們剛剛討論出來的價格，很自然地就讓林小姐在不動產買賣意願書上簽字，順利的收到斡旋金。過了三天，這間日若山莊的房子就順利簽約成交了，也幫助原屋主完成她母親生前的賣屋心願。

知識補充站

※公共設施

就法律上的觀點而言，係指「供公共目的使用之有體物或其它物之設備」。例如：社區內之步道、綠地、廣場、兒童遊樂場、停車場、KTV、閱覽室及游泳池等。

Date ______/______/______

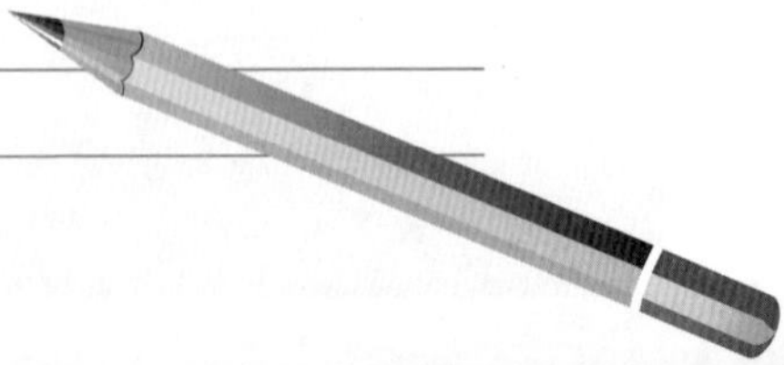

20 上帝爲他們預備一間好居所

買房靠禱告
房價屋況照旨意
住進好房子

二〇一五年的夏天，正逢氣象報導颱風要來的前五天，有位教會姊妹用FB的簡信向我詢問，「張牧師想要知道你手機號碼」，張牧師目前是一位自由傳道者，到處受邀講道，及講授聖經課程。一九九〇年，我全家剛搬到淡水時，張牧師剛從德國留學回來，當時他已是淡水教會的牧師群之一。猶記得張牧師當時使用著一台老舊的蘋果手提電腦，他寫聖經授課的講義都出自這台蘋果手提電腦，並把講義印出來，提供給他帶領的五對夫妻一起查考聖經，這五對夫妻，年齡大約二十六~三十歲之間，後來這五對夫妻的先生，受到上帝揀選，都成了淡水教會的執事，在教會中服事上帝。

由於張牧師與張師母的用心傳講上帝的福音，當時淡水教會敬拜上帝人數從原先的三、四百人逐漸增加至八百多人。後來張牧師為了更能深入了解聖經，舉家赴以色列學習希伯來文，而這五對夫妻也成為張牧師至以色列求學時，經濟支柱的來源之一。

颱風來的當天剛好是星期二，平常星期二我必須至中國科技大學教書，當天剛好新北市政府宣布停班停課，雖然是颱風天，但卻無風無雨，氣象局好像被上帝開了個玩笑，竟然颱風轉向，速度變慢，對台灣的影響減弱，讓我也不用到學校授課，自己也開心地放了一個颱風假。也因為放颱風假，我才有機會接到張牧師打來的電話。

張牧師當天大約在下午兩點左右撥電話給我說，「你現在有空嗎？有位黃牧師正在尋找房子，需要你為他介紹一些房子供他參考」「好的，請問張牧師，您們現在在哪裡呢？我正在回家的路上，約十分鐘到家」我回答張牧師的來電。張牧師說，他與黃牧師正在寶路建設公司的「台北灣房屋銷售中心」看屋。「今天我們公司放颱風假，要不要邀請黃牧師一起到寒舍來坐坐呢？順便來我家喝杯咖啡，由我來介紹淡海新市鎮的環境與房子供黃牧師參考，讓黃牧師更加了解淡海新市鎮的房屋市場狀況」我回答道。「好的，我和黃牧師大約十五分鐘會到你家」，我就依張牧師所約定的時間到台北灣社區大廳接他們到家中坐坐和閒聊。

張牧師、黃牧師和師母來到我家中之前，我已準備好甜點，也預備好咖啡豆放進咖啡機裡頭，等著他們來訪時煮拿鐵咖啡請他們品嚐。張牧師雖已有十幾年不見，但一見如故，一如往昔般的親切。而黃牧師和師母雖是初次見面，卻也不覺得陌生，可能有共同的信仰有關，大家相見如同弟兄姊妹一樣的親切。

張牧師到了我家一坐上椅子，話匣子就大開，說個不停，「我請黃牧師早點買房子，他一直拖延到現在，基金會每個月補助他們租屋款兩萬五千元，這個房租補助款，黃牧師還想要拿去租屋，租屋的結果只不過是拿錢給房東，到頭來年紀大了要住哪裡呢？不如把這筆房租補助款當作房屋貸款，繳到最後房子就變成自己的」。我回應著張牧師的話說，「張牧師您的看法很正確，我蠻認同的」。

「請問黃牧師，您預計買幾房的房子？有預算考量嗎？」「謝弟兄，我們要買三房的房子且含一個車位，預算約一千五百萬以下。」「黃牧師，有沒有其它需求或者特別喜歡淡海新市鎮哪個社區？」「謝弟兄，沒有，就由你來安排好了。」「好的，黃牧師我現在已經初步知道您們的需求了，我明天回公司後會依據您的需求，挑選三至五間房子，並做一份房子需求表供您參考，請問黃牧師何時有空呢？我來安排帶您看屋。」「謝弟兄，那就約這個星期六早上十點好了。」

黃牧師真的很準時，星期六早上十點不到，就與師母來到我們公司，我先把預先做好的需求表與看屋路線向黃牧師和師母做一簡單報告後，就邀請他們坐我的車，由我開車載他們一起看屋。我規劃帶黃牧師看屋的路線與屋況是，「好—次好—次好—優」。每間房子的介紹，我會特別強調環境、交通與購物方便性，因黃牧師的小孩都已長大，在大學求學，可能比較重視交通和購物的便利性，並且也向黃牧師分享房子和社區環境的優缺點在哪。

我帶黃牧師看的第一間房子是江南社區的三房，江南社區環境優美，有小橋、流水、人家，但沒有枯藤、老樹、昏鴉，是有著濃蔭的花草樹木，有步道環繞整個社區。黃牧師和師母看到此環境非常心動，但房子沒有裝潢，每坪價格較高，僅列入考慮；第二間房是晴朗社區，惟該社區提供的三房房間較小，又沒有裝潢，因此，沒有引起黃牧師他們的興趣，看了十分鐘不到就離開了；第三間房是日月星辰社區，我選的這間三房，每個房間較大，客餐廳的空間有明顯的區隔開來，黃牧師與師母非常喜歡，但沒有裝潢，每坪價格也沒有很親民，我也順著他們的話說，您們若買了這一間房子，非常適合您們居住，空間大，搬家過來的東西放得下，但需自行裝潢，裝潢的費用至少要一百五十萬左右；他們看了這三間房子後，我看他們已覺得有點累了，很想就到此爲止，不想帶他們再看我已準備好的第四間房子，但黃牧師說，「既然已有準備了，就繼續看吧！」。

我便再開著車載他們往第四間房子的路線前行，帶他們看第四間房子是VITA社區的房子，該社區鄰近家樂福，將來也會設有輕軌站。黃牧師與師母，看房子到此，眞的已有點疲憊，就坐在這間房子的餐桌椅子上休息，但沒多久他們的眼睛爲之一亮，因爲整間房子屋主已裝潢好了，就在這間房子上到處瀏覽走動，檢視整個屋子與房間的裝潢，並拿起手機將整間房子的屋況錄製下來說，「我要拍回家給我兩個小孩子看」。

這一間房子有一個很特別的地方是，屋主本來裝潢後要自己居住，所以使用的裝潢材料品質非常好，而且房間每個細節也很講究，但計畫趕不上環境的變化，屋主爲了給小孩更好的教育環境，決定舉家搬到加拿大。因此，房子裝潢好了也沒有住過半天，連天然瓦斯都未開通，就可知道屋主全家未居住過。

「黃牧師您們若購買這間裝潢好的房子，至少可節省二百三十萬的裝潢費用，而且馬上就可搬進來居住」。當我說完這段話後，牧師和師母頻頻點頭。

黃牧師與師母看過這四間我爲他們精心挑選的房子後，我說，我還準備一間台北灣社區一期的房子，有沒有想要再看呢？牧師和師母馬上回答說，不看了，今天就到此，因下午他們還有其它行程，這時我手機上的時間是中午十二點三十分整。我邀請牧師和師母一起用午餐，他們說，不用了，時間有點趕。因黃牧師和師母下午兩點在台北市的教會還有服事。

黃牧師和師母看完屋後的第二天，我撥了個電話給黃牧師說，「您們那天看完屋後，哪一間房子比較有感動呢？」「就是那間已裝潢好的房子」，黃牧師回覆說，「另請問那一間屋主要賣多少呢？」我說，「目前屋主要賣一千三百六十萬」。「謝弟兄，我想這個星期六我與師母再看一次這間VITA社區的房子後，再來做決定。」

黃牧師的這個決定是正確的，因爲買房子跟買衣服、水果蔬菜或電器產品是不同的，房子金額龐大，有人用畢生積蓄才買到，因此需謹慎小心，萬一買到漏水屋、凶宅，就得不償失。

黃牧師和師母依約星期六上午十點再來看這間VITA社區的房子，我問他們怎沒帶小孩一起來看屋呢？黃牧師告訴我說，他的兩位小孩星期六需在教會青年團契服事，無法過來，不過，他們已看過黃牧師為他們拍下這一間房子的屋況，他們看過影片之後非常喜歡，所以就由黃牧師和師母決定即可。

我拿起這間VITA社區房子的鑰匙，開門讓黃牧師和師母再看一次這間他們看中意的房子屋況，黃牧師他們一進門再一次的在房間、陽台及廚房來來去去的走動，細心的觀察房子的每個角落，最後與師母坐下來，就坐在那張新沙發椅上說，「好的，謝弟兄，你就去幫我們跟屋主談談看，能不能比這個價位（指的是一千三百六十萬）還便宜」「當然沒問題」，我很斬釘截鐵的回答牧師的問話。「另請問牧師您要用多少錢買這一間房呢？」「謝弟兄，我完全沒有概念呢？屋主有說要實拿多少嗎？」「沒有耶！這個屋主很聰明，與我們公司簽委賣契約時，就不寫實收價格，這樣好了，我建議先以一千一百五十萬來跟屋主商談，牧師您認為如何呢？」「當然可以呀！就以謝弟兄的意見為意見。」牧師這樣一說，我頓覺責任愈重了，因為牧師完全沒有買屋經驗，完全信任我說的每一句話。

我回公司後，馬上回報VITA社區這間房子買方已口頭出價一千一百五十萬，請開發此案的業務同仁準備向屋主回報並議價，由於屋主人住在加拿大，要回報和議價，需利用晚上時間，但慶幸的是，現在有了Line通訊軟體非常方便，無論多麼遙遠的地方，使用Line講話溝通，都不用花一毛錢，而更值得讚許的是，我公司這位同仁，平常早已使用Line通訊軟體與屋主溝通、聯繫了。

由於我公司這位業務同仁，平常就常使用Line向屋主回報客人看屋情況，所以一旦有眞正買方出現時，議價起來就不會那麼的彆扭，在與屋主議價過程當中，我也會與我的同仁交換意見，彼此分享看法。而公司這位同仁也會將他與屋主議價的內容讓我知悉，有一天我看了他與屋主議價內容後，令我非常佩服，因議價內容屬於商業機密，在此不便公開。最後屋主從一千三百六十萬調降爲一千二百六十萬，再經過議價之後，屋主再從一千二百六十萬調降至一千二百萬，而我從買方這邊的一千一百五十萬也拉價至一千二百萬成交。

而黃牧師願意從一千一百五十萬加價至一千二百萬的原因，在與黃牧師商討價格的那天晚上，他沒告訴我理由，是我拿契變書（此指原斡旋購買金額改變，重新更換一張斡旋單）到台北給黃牧師簽字時，才告訴這段故事。然黃牧師的宿舍在台北，要拿契變書（斡旋單）給他簽字，我需至台北市一趟，因此，我與黃牧師就約在台北市南京東路的一家伯朗咖啡廳見面。

我比約定的時間早到半個小時，此時環顧這家伯朗咖啡廳四方，看見來此咖啡廳的客人大部分是來此談生意的過客，細聽他們談話內容，大都與不動產、土地融資有關。約莫過了二十幾分鐘，黃牧師與師母也到了伯朗咖啡店，他們各點了一杯熱咖啡後，就向我分享為什麼要以一千二百萬購買VITA社區這一間房子。

黃牧師說，「當他們決定買VITA這間房子時，就開始向上帝不斷的禱告，禱告結果一直出現一千二百萬這個數字，若謝弟兄跟屋主議價，即使是議到一千二百零一萬我們也不會購買，因為不是上帝給的數字；還有這次會購買房子，也是上帝一直催逼著我們購買，因在每次禱告的時候，上帝一直對他們啓示，會預備一間房子給他們。而這次要購買此間房子，有一部分的購屋款也是教會一位弟兄很有感動，願意為我們奉獻，眞是感謝上帝」。

顯見擔任神職的人，大都靠著信心活著，他們的一生是靠上帝的話語做奉獻，而他們的生活所需，上帝也必然為他們預備，就像天上的飛鳥，牠們不種也不收，上帝也同樣爲牠們預備所有的所需一樣。

後來，我也幫黃牧師在台灣銀行辦理到青年成家首購房貸優惠利率的貸款，讓黃牧師房貸壓力能夠再次減輕，好讓他們全家住在一個上帝爲他們預備好的好居所，能充滿活力與祝福，繼續爲上帝做工、傳福音給世人。

「謝弟兄，眞是謝謝你，謝謝你幫我找到這麼好的房子，讓我們全家搬進去就可以居住，不用再裝潢。而這間房子又離將來的輕軌站這麼近，附近又有家樂福賣場，購物又便利，區公所與學校就在旁邊，眞是謝謝你，新居落成時，一定請你和張牧師到我們家來一起數說上帝的恩典。」

知識補充站

※契變書

任何的房地產買賣，買賣雙方通常會在買賣成交之前，會就彼此在房子價格上有不同的認定。你來我往的議價爲的就是爭取更優惠的價格，尤其是房仲業買賣更是如此。仲介業務人員爲了對買方在房價上有商談議價的可能性，所以契變同意書因而產生。何謂契變同意書呢？就是委託銷售契約內容變更同意書，也就是賣方爲因應於市場供需及時機，雙方一致同意修正原委託銷售契約事項。

Date ______/______/______

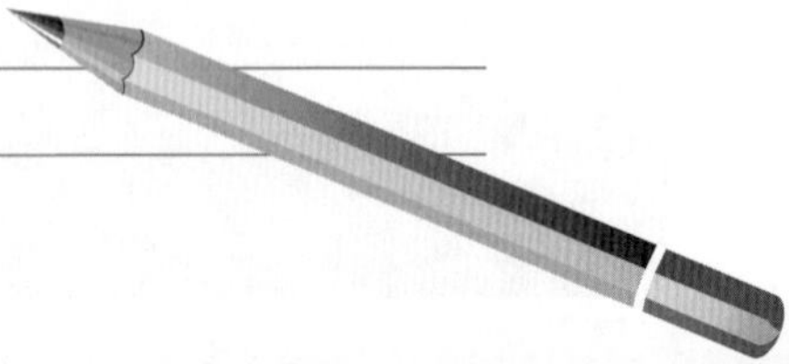

21 夢中房子出現，租屋變購屋

找仲介租屋
夢中房子竟出現
買房抵租金

有一天中午，天氣風和日麗，我的手機突然響起，對方很親切的叫著我的名字說，「我是江牧師，聽教會的一位長老說你現在在從事不動產買賣工作，我想租一間三房的房子，租金大約在一萬五千左右，就以沙崙地區附近的房子為主，請幫忙找找看」「牧師您好，好的，我來為您們服務，請問您何時有空可以來看屋呢？」「這個星期四下午有空」「好的，就與您約星期四下午兩點，我會準備二至三間三房一萬五千的房子讓您挑選」。

星期四當天下午，江牧師從林口的教會開車載著師母一同來淡水，因為他們以前在淡水教會牧會過，對淡水很熟悉，我就沒有再介紹淡水的周遭環境供其參考，又因牧師開車過來，我就請求坐他們的轎車，請江牧師開車，我指引他們一起去看屋。

我將事先準備好的三間要租賃的房子，依據我規劃好的看屋路線出發了。第一間帶他們到江南社區，江南社區整體規劃像是一個水鄉，建築外觀黑瓦白牆有大陸江南風景的味道，我帶他們來到某棟的五樓，這是一間四十二坪的三房房子，屋主是外交官退休，原本退休後規劃來此居住，惟因天不從人願，恩愛的老婆大人不幸癌症在美國過世，決定將房子出租或出售，不回來台灣定居了。這一間出租的房子，水電瓦斯均已備齊，但未配備傢俱，每月租金（含車位、管理費）兩萬元。

江牧師看了這個社區環境非常喜歡，因房子全新且未有人居住過，兼因離淡水長老教會很近，方便江牧師的兩位兒子能就近到淡水教會服事青年團契。但是每月租金兩萬已超過其一萬五千的預算，可能考慮放棄承租此間房子。

第二間房子，我選擇三十幾年公寓的大三房房子供牧師和師母參考，這一間三十幾年的老房子，屋主重新做整修，屋內牆壁重新油漆，也像是新的一樣，只是安裝在天花板的燈飾有點老舊。但租金是每月一萬五千，較符合牧師的期望，其優點是，公寓前面是一塊公園綠地，將來作爲沙崙國中預定地之用；缺點是，公寓沒有電梯，搬東西需爬樓梯較辛苦，又沒有車位，下班回家需到處尋找停車位。

就在帶江牧師和師母看這一間租賃的房子時，此時有一個聲音進入我的腦海中，對著我說，何不請牧師買一間房子呢？房子資金一萬五千就可拿來支付房貸了，何必繳了租金，房子還是別人的呢？

我馬上問江牧師說，「您兒子在上班了嗎？」牧師回答說，「大兒子已經在上班，公司就在淡水大片頭附近，老二大學剛畢業，準備當兵」「牧師，這太好了，大兒子已經在上班了，何不，不要租房子，用租房子的錢來繳房貸應該足足有餘，況且您大兒子，可使用青年首次購屋房貸優惠利率百分之一點四的優惠條件，每月繳一萬五千，像是存錢一樣，把錢存在房子裡頭」。

我又接著說，「目前我公司有一間房子急售，位於國家新都社區，大三房、冷氣、洗衣機、餐桌、床和燈飾全都有，僅缺一台冰箱而已，價格又非常的親民，牧師您和師母要不要現在就去看這一間房子呢？」

原本準備好要去看的第三間出租房，就建議牧師不用看了，就直接請牧師開車到國家新都社區看這一間大三房。

很奇妙的是，就在我打開這一間國家新都的房子時，江師母竟然「哇！」一聲，這不就是她和江牧師一直向上帝禱告的意象嗎？那就是要有一整面的書架可以存放書籍的櫃子。師母說，江牧師很喜歡閱讀，收藏了許多書籍，需要有大的書櫃擺放他收藏的書，而這間屋子的客廳就是這樣呈現的。眞是感謝讚美上帝。

江牧師和師母很仔細的看了這一間房子，雖仍有一些小瑕疵，但瑕不掩瑜，師母非常喜歡這一間房子，就跟我說，明天主日禮拜過後，約下午四點左右，會請她兩個兒子再來看一次，若他們有喜歡，就可決定購買此房子。

我聽了這句話好高興喔！好期待明天下午的約會。

星期天下午，還差二個小時就四點，我預先撥個電話給江牧師，溫馨的提醒下午四點與他們有約。江牧師當然記得，也告訴我他大兒子的電話號碼，萬一他們來不及下午四點趕到淡水時，可以請其兩位兒子先看。江牧師眞的有預感他們會遲到，因爲淡水每逢遇到假日必定會塞車，江牧師來電說，可能會晚半小時才到，請我帶他們兩位兒子先看。

下午四點未到之前，我先提前十五分鐘到房子現場等候江牧師兒子的來到，爲了讓江牧師的兒子能找到我，我先撥個電話給江牧師的兒子說，「我已先到房子現場，江牧師可能遲到半小時才會到，請我帶您和您弟弟先看屋」。約莫過了兩分鐘，江牧師的兩位兒子，陸續來到國家新都社區，這時的時間已是四點一刻了。

我便指引著他們來到這間性價比（CP值）極高的房子。進屋後，我依序精要的跟江牧師的兩位兒子做屋況說明，並說購買這一間房子基本上只要購買一台電冰箱即可入住，其餘電氣設備和衣櫥櫃子，原屋主都已考量在屋子裡頭了。

約莫過了十分鐘，江牧師和師母也趕到房子現場，再次把這間房子仔細的端詳一遍，惟這次更加仔細，把每一個浴室和廚房的水龍頭、各個房間的冷氣機都打開來測試，確定都能works時才告訴我說，「讓他們回去考慮考慮，再做最後決定，是否要購買此間房子」。

其實這一間國家新都的房子，是一間二手房（十八年中古屋），屋主向原屋主購買後有重新整修過，所以是一間質感很不錯的好房子，惟因屋主近期購買了新房子後，想要把這一間房子賣掉，以減輕房貸壓力。因國家新都這個社區有一點偏遠，是李登輝總統執政時，為開發淡海新市鎮所蓋的指標性國宅，基本上整個建築的庭園設計非常人性化。若不是地處偏遠，這一間房子的銷售不會超過一年多，很快就會有買方看上眼。屋主為能吸引買方的青睞，調降了兩次價格，期望有緣人來購買，但仍有一段時間無人對此房子有感動。沒想到江牧師和師母一看到此房子，竟然驚訝的說，是他們禱告中的房子，此時江牧師購買此房，還真是上帝的恩典呢！

一個星期過後，江牧師打電話跟我說，他們小孩都同意購買此間房子，惟出了一個價格竟非屋主要實收的價格，為了達成江牧師的心願，就請這間房子的開發者鍾媽媽出面與屋主溝通，後來我側面得知，屋主是位女基督徒，在淡江教會聚會，很可惜屋主的先生不是。便透過鍾媽媽再跟屋主說，買方是位牧師，能否按江牧師出的購買價格賣給江牧師呢？屋主一聽是位牧師要購買她的房子，便一口氣答應要賣給江牧師了。

有時候賣房與買房都有一些命定在，房子有時候真的會找有緣的屋主來購買。

知識補充站

✲ **性價比（CP值）**

即「性能與價格比較」，是用來權衡商品在客觀的可買性上所做的量化。坊間通用的性價比＝性能÷價格（Performance÷Cost），反映了單位付出所購得的商品性能。性價比高，則物超所值，買家可考慮出手。在日本稱作成本效益比（cost–performance ratio），爲性能和價格的比例，俗稱CP值。

Date ______/______/______

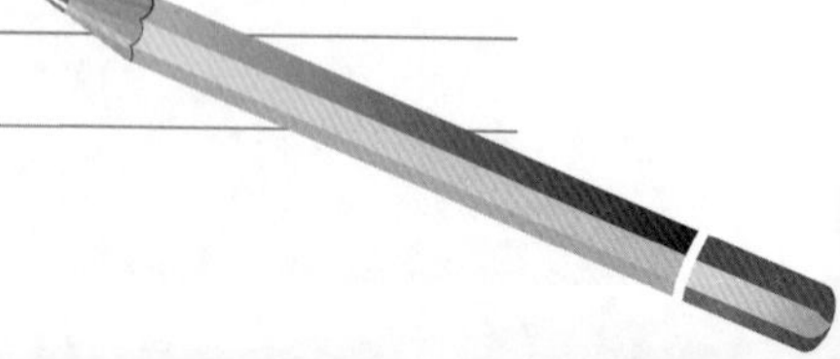

後記　進入不動產行業的經歷與過程

黃金般的晨潮
黃銅似的午潮
鉛般的黃昏
但無論它是什麼金屬
我都盡力擦磨
使每一個金屬發生它特有的光芒

——邱吉爾

It is precisely the possibility of realizing a dream that makes life interesting.

——Paulo Coelho

有機會實現夢想，讓人生變得有趣——保羅・科爾賀

我目前正處於黃銅似的午潮與鉛般的黃昏之間，所以爲讓人生變得更有趣，仍舊不停在思想著夢想。以下敘述著我的人生歷練過程：

從小在鄉村長大，看到母親爲了家計，除了做衣服、教裁縫賺錢養家外，母親也會投資養牛及羊的生意，俟牛羊長大後再來出售賺錢，供我們四位兄弟姊妹念書及補習，因父親在學校教書所領的薪資全部要充公交給我祖父當家用的關係，因當時我們家是一個傳統的大家庭，還須與叔叔、姑姑、嬸嬸們同住、一起吃三餐、一起下田耕種。小時候母親曾向我提起，她曾經與嬸嬸合買一塊建地投資，但後來被祖父知道此事，在祖父極力的反對之下，不得不賣掉這塊建地，只因當時祖父規定，「你們不能擁有個人財產」，一切只有他能擁有。

讀小學時看到祖父要蓋樓房給我的父親及兩位叔叔住，祖父不敢跟農會或銀行借錢，怕借錢的消息被傳出來，會被村民恥笑，就賣掉大筆農地籌錢蓋樓房，

記得當時蓋一棟樓房大約新台幣十萬元。我的祖父因信守耕讀為業，不准他在學校教書的小孩（父親、兩位叔叔均為學校老師）出外打拼，僅能留在家鄉，一輩子在家鄉當個教書匠，這種思維在當時的農業社會是很普遍的。在家鄉當老師，不僅會光宗耀祖，還很受地方鄉民的愛戴，但一旦社會環境與思維進入到工業社會或進步到了科技時代，把小孩守在身邊這個思維就變得保守、僵化，別人不斷與外面接觸和發展，你卻一直守成守舊，一定會造成家道中落的。我雖在農村長大，但看見母親在那種保守的年代，就有著投資理財的頭腦，對我來說，她的觀念已不知不覺地在我的心田中播下了一顆種子。

我個人曾在政府部門服務過二十七年，有三分之二的期間大都從事經貿相關的研析工作，我常看〈天下雜誌〉、〈商業周刊〉，內心一直很想當個企業家，也曾夢想王永慶有一天會派我到越南去經營他在越南的企業，為他打開東南亞市場。我知道這是天方夜譚的事。不過，有一天有位學長來問我，「你有沒有想要到一家鋰電池公司上班呢？」他說，他已觀察我很久了，覺得我的人品、能力與學識很好，才願意推薦我到這家公司。聽到此事，起初我有點惶恐，不敢接受挑戰，認為政府部門與企業部門是不同的領域，若我到了企業部門仍需重新學習，很怕不能勝任。經過三天的考慮後，心想我曾經在醫院會計部門歷練過，醫院那麼複雜的會計與財務工作都能做得很好，還有什麼工作比這更複雜的呢？就一口答應學長的邀請。因我的夢想是真的很想到企業界去看看，把我所學能在那裡發揮出來。的確我到那家有一千三百位員工的鋰電池公司，真的發揮到自己所長，在三年半期間，幫公司完成上市櫃要用的「公司公開說明書」、公司對外產品簡介、促成與金屬中心的研發合作案、與電動車業商談企業策略聯盟等等。惟公司開發之電動車用鋰電池，因電動汽車尚處研發階段，無法量產，造成營收無法大幅成長，導致公司年年虧損，在充滿不捨與難過情況下，向董事長提出辭呈，投入我陌生的不動產行業，重新在新的領域學習起。

我在離開科技公司之前已取得不動產營業員營業證照後，就開始進入這個陌生的不動產領域，對從未做過業務的我，是一大考驗。怎麼跨出這艱難的第一步呢？又如何克服心理障礙？心裡想著，「學習」就是克服難題的最佳方法，於是到我最愛逛的誠品書店，尋找並購買了許多有關不動產的書籍在家裡閱讀和自修，並細細品味閱讀過張金鶚博士的《房地產是一輩子的事》、住商不動產徐佳馨寫的《房市專家教你買一間會賺錢的房子》、還有《房地產聖經》、《房地產行銷》，以及《不動產估價》等十幾本以上的書籍。爲了要了解不動產買賣的經驗，也特地開著車到新竹請教我的學生，她曾在不動產行業工作了二十幾年，在請教我的學生當天，她也正準備考不動產經紀人的國家考試，爲了我，還特別選一家竹北最好的餐廳來分享她許多寶貴的不動產成交與開發經驗供我參考，也指點我許多從事不動產業務要注意的「眉角」，眞令我感動萬分。我就這樣開始了我的不動產人生了。

謝冠賢

二〇一九年一月

Date ______/______/_____

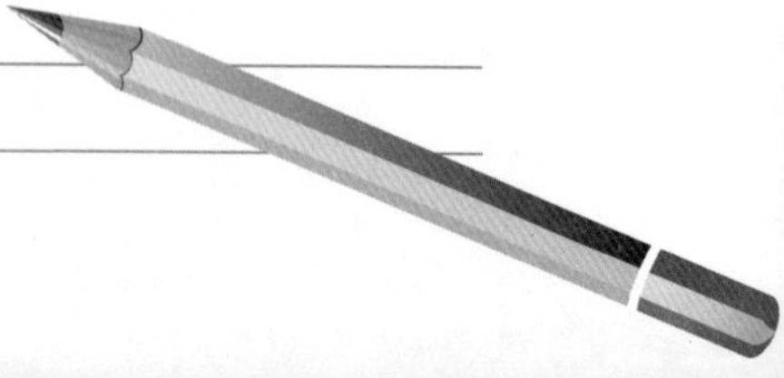

五南圖書商管財經系列

小資族的天空　想創業卻沒頭緒？這些成功關鍵你絕對不能錯過

1F0F
圖解創業管理
定價：280元

3M83
圖解臉書內容行銷有撇步！
突破 Facebook 粉絲團社群經營瓶

定價：360元

1FRM
圖解人力資源管理
定價：380元

1FW1
圖解顧客關係管理
定價：380元

給自己加薪　你不理財，財不理你！投資規劃看過來！

3M59
超強房地產行銷術
定價：390元

3GA6
聰明選股即刻上手：
創造1,700萬退休金不是夢
定價：380元

3GA5
認購權證神準精通
（三版）
定價：380元

3GA4
24小時外匯煉金術
定價：250元

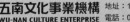

五南圖書商管財經系列

職場進階班　培養菁英力，別讓職場對手發現你在看這些書！

3M79
圖解財務報表分析
定價：380元

3M61
打造No.1大商場
定價：630元

3M58
國際商展完全手冊
定價：380元

3M37
圖解式成功撰寫行銷企劃案
定價：450元

1FRZ
圖解企劃案撰寫
定價：320元

1FRM
圖解人力資源管理
定價：380元

1G91
圖解財務報表分析
定價：320元

1G92
圖解成本與管理會計
定價：380元

1FTH
圖解投資管理
定價：380元

1MAA
圖解金融科技與數位銀行
定價：380元

3M62
成功經理人下班後默默學的事：主管不傳的經理人必修課
定價：320元

3M85
圖解財務管理
定價：380元

五南文化事業機構
WU-NAN CULTURE ENTERPRISE
地址：106 臺北市和平東路二段 339 號 4 樓
電話：02-27055066 轉 824、889 業務助理 林小姐

五南財經異想世界

家圖書館出版品預行編目資料

ridge橋代誌：不動產買賣成交故事／謝
冠賢著. -- 初版. -- 臺北市：書泉，
2019.03
面； 公分
SBN 978-986-451-156-3（平裝）
.不動產業 2.通俗作品
54.89 108001482

491B

Bridge橋代誌：不動產買賣成交故事

作　　者— 謝冠賢
發 行 人— 楊榮川
總 經 理— 楊士清
主　　編— 侯家嵐
責任編輯— 侯家嵐
文字編輯— 魏邵蓉、許宸瑞
封面設計— 姚孝慈
出 版 者— 書泉出版社
地　　址：106台北市大安區和平東路二段339號4樓
電　　話：(02)2705-5066　傳　　真：(02)2706-6100
網　　址：http://www.wunan.com.tw
電子郵件：shuchuan@shuchuan.com.tw
劃撥帳號：01303853
戶　　名：書泉出版社

總 經 銷：貿騰發賣股份有限公司
電　　話：(02)8227-5988　傳　　真：(02)8227-5989
地　　址：23586新北市中和區中正路880號14樓
網　　址：www.namode.com

法律顧問　林勝安律師事務所　林勝安律師

出版日期　2019年3月初版一刷
　　　　　2019年4月初版二刷
定　　價　新臺幣280元